# DIREITOS DAS MINORIAS E LIMITES JURÍDICOS AO PODER CONSTITUINTE ORIGINÁRIO

*O livro é a porta que se abre para a realização do homem.*
Jair Lot Vieira

CARLOS ALBERTO DOS RIOS JUNIOR

# DIREITOS DAS MINORIAS E LIMITES JURÍDICOS AO PODER CONSTITUINTE ORIGINÁRIO

# DIREITOS DAS MINORIAS E LIMITES JURÍDICOS AO PODER CONSTITUINTE ORIGINÁRIO

Carlos Alberto dos Rios Junior

1ª edição 2013
© desta edição: Edipro Edições Profissionais Ltda. – CNPJ nº 47.640.982/0001-40

Editores: *Jair Lot Vieira* e *Maíra Lot Vieira Micales*
Coordenação editorial: *Fernanda Godoy Tarcinalli*
Editoração: *Alexandre Rudyard Benevides*
Revisão: *Beatriz Rodrigues de Lima*
Arte: *Renata Oliveira*

Dados Internacionais de Catalogação na Publicação (CIP)
(Câmara Brasileira do Livro, SP, Brasil)

Rios Junior, Carlos Alberto dos
    Direitos das minorias e limites jurídicos ao poder constituinte originário / Carlos Alberto dos Rios Junior. – São Paulo : EDIPRO, 2013.

ISBN 978-85-7283-832-0

1. Direito constitucional 2. Direito positivo 3. Direitos e garantias individuais 4. Direitos humanos 5. Minorias - Direitos 6. Poder constituinte I. Título.

12-07093                                    CDD 342.724

Índices para catálogo sistemático:
1. Direito das minorias : Direito constitucional : 342.724

edições profissionais ltda.
São Paulo: Fone (11) 3107-4788 – Fax (11) 3107-0061
Bauru: Fone (14) 3234-4121 – Fax (14) 3234-4122
www.edipro.com.br

*Dedico este trabalho a DEUS,
por ter permitido a sua concretização.*

*Agradeço a DEUS,
aos meus queridos pais, irmãos
e a minha namorada, Andréia Fabri.*

*Agradeço ao meu orientador,
prof. Walter Claudius Rothenburg,
pelos ensinamentos e pela paciência despendida
em todas as etapas da orientação.*

*Agradeço aos colegas
procuradores da Fazenda Nacional em Araraquara,
em especial ao dr. Carlos Eduardo de Freitas Fazoli,
por todas as dicas, que foram essenciais
ao desenvolvimento do presente trabalho.*

*Agradeço à Rô,
da biblioteca do Centro de Pós-graduação da ITE,
pelo auxílio na busca de material para pesquisa.*

# SUMÁRIO

1. INTRODUÇÃO .................................................................. 13
2. CONCEITO DE MINORIAS ........................................... 15
   2.1. Identificação das minorias ........................................... 17
   2.2. As minorias como "povo" ............................................ 26
   2.3. As minorias como detentoras de parcela do poder constituinte ......................................................................... 29
3. DIREITOS HUMANOS E DIREITOS DE MINORIAS .. 35
   3.1. Direitos fundamentais e direitos humanos .................. 35
   3.2. Gerações ou dimensões de direitos humanos .............. 38
   3.3. O fundamento dos direitos humanos: a dignidade da pessoa humana como núcleo ....................................... 41
   3.4. Direitos humanos como fundamento da proteção de minorias ............................................................................. 43
   3.5. Universalismo, multiculturalismo e proteção de minorias   45
   3.6. A flexibilização da soberania estatal em face dos direitos humanos .......................................................................... 49
   3.7. Efetivação dos direitos humanos das minorias: o desafio da atualidade ............................................................... 51

4. FUNDAMENTOS FILOSÓFICOS DOS DIREITOS DE MINORIAS ............................................................................. 55

    4.1. Do jusnaturalismo ao positivismo jurídico ..................... 56

    4.2. Paradoxo do momento constituinte na visão positivista ... 60

    4.3. Positivismo jurídico e poder constituinte ...................... 61

        4.3.1. Mitos sobre o positivismo: poder constituinte e direitos fundamentais ........................................ 61

        4.3.2. Tese principal: separação entre Direito e moral . 64

    4.4. Positivismo jurídico em defesa de direitos de minorias ... 69

    4.5. Positivismo e limites jurídicos ao poder constituinte originário ........................................................................... 74

5. TEORIA DO PODER CONSTITUINTE E DIREITOS DE MINORIAS ............................................................................. 77

    5.1. O poder constituinte e sua teoria .................................. 78

        5.1.1. Antecedentes históricos ................................... 78

        5.1.2. O panfleto de Sieyès ........................................ 80

    5.2 Conceitos e espécies de poder constituinte ................... 84

        5.2.1. Conceito político de poder constituinte ............ 85

            5.2.1.1. Características do poder constituinte originário ............................................ 87

            5.2.1.2. Limitações jurídicas ao poder constituinte originário .......................................... 88

        5.2.2. Conceito jurídico de poder constituinte ............ 90

            5.2.2.1. Características do poder constituinte derivado ............................................... 93

    5.3. O poder constituinte e a função da Constituição: proteção de direitos ............................................................. 93

6. UMA RELEITURA DA TEORIA DO PODER CONSTITUINTE ATRAVÉS DA PROTEÇÃO DE MINORIAS ..... 97

    6.1. Princípio da igualdade e a proteção de grupos vulneráveis: uma relação necessária ............................................. 98

    6.2. Teoria do poder constituinte na ótica da proteção de minorias ............................................................................... 103

    6.3. Democracia e proteção de minorias ............................. 105

    6.4. Análise das Constituições atuais dos países sul-americanos ................................................................................... 109

        6.4.1. Argentina ............................................................. 110

        6.4.2. Bolívia .................................................................. 112

        6.4.3. Brasil .................................................................... 113

        6.4.4. Colômbia ............................................................. 114

        6.4.5. Equador ............................................................... 116

        6.4.6. Paraguai ............................................................... 117

        6.4.7. Peru ..................................................................... 118

        6.4.8. Suriname ............................................................. 119

    6.5. Outras Constituições sul-americanas ........................... 120

    6.6. O poder constituinte como expressão da proteção de minorias ................................................................................... 122

7. CONCLUSÕES ............................................................................. 125

8. REFERÊNCIAS BIBLIOGRÁFICAS ............................................ 129

# Introdução

Os manuais clássicos de direito constitucional ensinam que o poder constituinte originário é ilimitado, enfatizando que eventuais limites a este poder devem ser considerados meramente de fato, não de direito.

Nesta obra procuramos, baseados no atual papel da Constituição, nos direitos humanos, nos direitos das minoriais e no direito internacional, preencher uma lacuna existente no ensinamento clássico do poder constituinte. O objetivo central da obra é fornecer uma releitura do poder constituinte através da proteção de minorias.

Neste trabalho desenvolvemos pesquisa a respeito das premissas clássicas do poder constituinte, aprofundando-nos na possibilidade de estabelecer a existência de limites jurídicos ao poder constituinte originário, uma vez que este deve se pautar pelo respeito aos direitos humanos. Demonstramos que a nova Constituição deve construir uma base jurídica capaz de proporcionar às minorias proteção especial.

Com a finalidade de elucidar o tema central desta obra, analisamos como o tema "minorias" é tratado pela doutrina e pela comunidade internacional, a fim de se constatar qual deve ser o papel desses grupos na atuação do poder constituinte originário.

Ainda em relação às minorias, verificamos como os fundamentos de direitos humanos têm sido utilizados para a justificação das demandas minoritárias. Introduzimos os fundamentos filosóficos dos direitos de minorias, através de breve análise das diferenças entre o jusnaturalismo e o positivismo jurídico, e como essas filosofias influenciam a teoria do poder constituinte.

Por fim, foi realizada uma análise do "comportamento" do poder constituinte na contemporaneidade, elegendo, por critério geográfico, as Constituições da América do Sul, a fim de verificar quais as premissas orientadoras da elaboração dessas Cartas Magnas.

A presente obra foi objeto de dissertação de mestrado em Direito Constitucional, concluído na Instituição Toledo de Ensino (ITE-Bauru), no segundo semestre de 2011.

# 2

## CONCEITO DE MINORIAS

As diversas sociedades existentes no mundo não são totalmente homogêneas, isto é, as pessoas e os grupos por elas formados não são iguais. Existem diferenças étnicas, culturais, raciais, sociais e outras. Essas pessoas, diferentes em vários aspectos, são as responsáveis pela organização do Estado, que é definido juridicamente pela sua Constituição.

Mas a visão "tradicional" de se conceber as constituições e interpretar o direito baseia-se em normas gerais e abstratas, que nem sempre conseguem proteger determinados grupos de pessoas que se enquadram na noção de "diferente".

A noção de igualdade que se manifesta através da atividade legislativa também é influenciada por esse pensamento tradicional geral acerca da proteção dos direitos das pessoas.

Na ótica individualista, é mais comum estabelecer direitos gerais a todos do que prever normas específicas para contemplar grupos de pessoas com necessidade de proteção especial.

Essa "tradição" acaba por não resolver adequadamente certos conflitos específicos que ocorrem na sociedade. Alguns são conflitos históricos, que permanecem perturbando a paz social por várias gerações.

Nesses conflitos, os direitos dos mais fracos – das minorias – acabam não sendo efetivados. A proteção desses direitos acaba por depender da manifestação da "maioria", que detém o poder político naquela também tradicional noção de democracia, que prega a soberania da decisão majoritária.

Embora os textos constitucionais da atualidade tenham previsão de proteção de minorias específicas, a concessão de direitos a esses grupos parece ser tratada como uma decisão unicamente da maioria.

É preciso enxergar as minorias como parte integrante da noção de "povo" e que, por isso, detêm uma parcela do poder constituinte.

A questão fulcral, que merece relevante destaque, diz respeito às dificuldades ainda encontradas pelos integrantes de grupos minoritários, no contexto social pátrio.

Embora seja patente a evolução da legislação brasileira, assim como do grau de proteção de indivíduos e grupos discriminados na seara constitucional, com a integração de instrumentos protetivos internacionais, mostra-se evidente a insuficiência de meios de que dispõem tais indivíduos e grupos para a efetivação de seus direitos.

A sociedade internacional, principalmente após as guerras mundiais, tem debatido a questão das minorias, elaborando tratados internacionais que podem ser considerados parâmetros de limitação, embora voluntária, do poder estatal em sua função de criação de normas jurídicas, implicando mitigação do conceito tradicional de soberania estatal e, por via de consequência, da própria noção de poder de criação de uma nova Constituição.[1]

O estudo do tema "minorias" é fundamental para a definição dos grupos merecedores de proteção especial, com o estudo do(s) requisito(s) necessário(s) para a definição de minoria.

Os critérios utilizados devem levar em consideração os aspectos individuais e coletivos, devendo ser definidos os limites do que pode ser

---

1. Exemplo disso é a Convenção sobre os Direitos das Pessoas com Deficiência da ONU, promulgada pelo Brasil através do Decreto nº 6.949/2009.

considerado direito de um grupo e o que deve ser entendido por direito subjetivo individual de cada membro pertencente à minoria.

É importante, ainda, definir regras de inclusão social das minorias. Essas regras devem promover o reconhecimento da igualdade em relação à maioria, mas também, principalmente em casos específicos, fortalecer a noção de pluralidade, devendo, em determinadas hipóteses, a diferença ser destacada e respeitada em prol de um convívio social pacífico.

Esses tópicos devem ser estudados principalmente para que se possa realizar uma nova leitura da teoria do poder constituinte no que diz respeito aos seus limites, já que deve respeitar a vontade do "povo" como um todo, inclusive das minorias.

## 2.1. Identificação das minorias

Atualmente, as discussões sobre proteção de direitos humanos abrangem a proteção de grupos minoritários, para os quais esses direitos possuem uma relevância especial, diante da necessidade prática de seu reconhecimento ou efetivação:

> Por conseguinte, a preocupação atual volta-se para o respeito aos direitos humanos em função das particularidades individuais e coletivas dos diferentes agrupamentos humanos que se distinguem por fatores tais como a origem, o sexo, a opção sexual, a raça, a idade, a sanidade, a realização etc. Sob esta perspectiva, o pluralismo eleva-se à condição de princípio indissociável da ideia de dignidade humana, exigindo do Estado e da sociedade a proteção de todos os "outros", diferentes de nós pelos aspectos *supra* mencionados (CRUZ, 2003, p. 16).

Apresentar um conceito exato de minorias parece ser difícil, e talvez de pouca utilidade prática. O rótulo criado através de uma definição "científica" pode gerar a inevitável exclusão de determinados grupos, que também sofrem discriminação e necessitam de medidas de proteção social.

Em uma primeira análise, podemos dizer que o termo "minorias" relaciona-se com "[...] um contingente numérico inferior, como grupos de indivíduos, destacados por uma característica que os distingue dos outros habitantes do país, estando em quantidade menor em relação à população deste" (SÉGUIN, 2002, p. 9).

Essa definição é a que parece ser a primeira a vir à mente daqueles que têm contato com o tema de uma maneira superficial, ou seja, de que o termo "minoria" implica número pequeno de pessoas. Nada obstante, apesar da nomenclatura, há grupos, especialmente no Brasil, que não poderiam ser definidos unicamente pelo critério numérico, por exemplo, como as mulheres e os afrodescendentes.

A tentativa de definição científica de minorias já se verificou no plano internacional. Com efeito, após a Segunda Guerra Mundial, a Comissão de Direitos Humanos da ONU, em 1947, assumiu a função de elaborar estudos para a prevenção de discriminação e proteção de minorias (WUCHER, 2000, p. 4).

Todas as propostas de definição apresentadas, no entanto, foram rejeitadas, o que levou o grupo a se concentrar na prevenção da discriminação, expedindo recomendações gerais para que os instrumentos internacionais de direitos humanos previssem a proteção de minorias.

Mais tarde, o Pacto Internacional de Direitos Civis e Políticos, de 1966, foi emendado com a inclusão do art. 27; e o tema voltou a ser debatido na ONU. Essa alteração fez com que a Subcomissão de Prevenção de Discriminação e de Proteção de Minorias formasse um grupo de trabalho, em 1978, para definir quais os direitos conferidos às minorias por essa alteração (WUCHER, 2000, p. 5).

Os trabalhos foram concluídos em 1992, com a elaboração da Declaração sobre os Direitos de Pessoas que pertencem a Minorias Nacionais ou Étnicas, Religiosas ou Linguísticas. Esse documento, no entanto, não apresentou uma definição de minoria (WUCHER, 2000, p. 83).

Ainda na década de 1990, a ONU instituiu outro grupo de trabalho para a discussão de pontos polêmicos sobre a proteção de minorias. Esse grupo, apesar de intensas tentativas de definição que geraram polêmicas, concluiu pela impossibilidade de se apresentar um conceito jurídico de minorias para o direito internacional, pois a tentativa de se buscar uma definição acabaria por impedir o estabelecimento de um padrão de proteção de minorias, de forma que a melhor solução seria não conceituá-las. Desse modo, a flexibilidade seria mantida, o que possibilitaria que o tema fosse sempre revisitado (WUCHER, 2000, p. 82-3).

A frieza de uma definição escrita de minorias poderia gerar a exclusão de determinados grupos e pessoas, que também mereceriam proteção especial.

Com efeito, a identificação de uma minoria deve ser analisada em um contexto social e histórico específico. Por exemplo, não se pode dizer que a discriminação do negro no Brasil foi a mesma do regime do *apartheid* vivido na África do Sul, muito embora não se negue a vulnerabilidade do negro ocorrida nos dois países (CRUZ, 2003, p. 141). Ou ainda que o tratamento de estrangeiros no Brasil é o mesmo praticado na Europa.[2]

As peculiaridades de cada contexto devem ser observadas para que a proteção e as políticas de reconhecimento e redistribuição de riquezas sejam praticadas de forma coerente. Uma definição genérica e mundial para minorias pode atravancar esse processo de inclusão social, gerando, na verdade, um obstáculo em vez de resolver o problema.

Elida Séguin entende que:

> Conceituar minorias é complexo, vez que sua realidade não pode ficar restrita apenas a critérios étnicos, religiosos, linguísticos ou culturais. Temos que sopesar sua realidade jurídica ante as conquistas modernas (SÉGUIN, 2002, p. 9).

---

2. Sobre o tratamento jurídico do estrangeiro no Brasil, bem como sua breve comparação com outros países, ver RAMOS (2010, p. 721-45).

Com efeito:

> Os problemas de definição devem ser vistos na considerável diversidade de "minorias" e seus respectivos contextos, no mundo inteiro: como não existem dois contextos idênticos, envolvendo minorias em diferentes Estados, cada minoria, assim como a situação em que se encontra, tem suas próprias características, diferenciando-se, em maior ou menor grau, de contextos minoritários de outros Estados. E, no âmbito dos debates travados acerca dessa questão, as opiniões divergentes a respeito do que é uma minoria, muitas vezes, refletem tanto as respectivas problemáticas dos diferentes contextos minoritários em muitas partes do mundo quanto os diferentes pontos de vista de Estados e governos (WUCHER, 2000, p. 44).

Apesar de a ONU não ter oferecido um conceito de minorias, houve debate acerca de quem deveria ser considerado pertencente a um grupo minoritário.

Nesse sentido, os estudos sugeriram que, em detrimento de um conceito, fosse utilizado o critério de autoidentificação do indivíduo como pertencente a um grupo minoritário (WUCHER, 2000, p. 86). Quer dizer que o mais adequado seria autorizar o próprio indivíduo a se considerar membro de um grupo minoritário.

O critério de autoidentificação, ou autoatribuição, tem sido usado no Brasil no que se refere, por exemplo, aos grupos étnico-raciais das comunidades dos quilombos (ex.: negros ou índios).[3]

Na mesma linha, a Convenção nº 169 da OIT (art. 1º, 1), que trata de direitos de indígenas e tribais, classifica como fundamental o critério de autoidentificação do indivíduo.[4]

---

3. O Decreto nº 4.887/2003 diz o seguinte: *Art. 2º. Consideram-se remanescentes das comunidades dos quilombos, para os fins deste Decreto, os grupos étnico-raciais, segundo critérios de auto-atribuição, com trajetória histórica própria, dotados de relações territoriais específicas, com presunção de ancestralidade negra relacionada com a resistência à opressão histórica sofrida. § 1º. Para os fins deste Decreto, a caracterização dos remanescentes das comunidades dos quilombos será atestada mediante autodefinição da própria comunidade.* (...)

4. Disponível em: <http://www.oitbrasil.org.br/info/downloadfile.php?fileId=131>. Acesso em: 12 fev. 2011.

Walter Claudius Rothenburg, ao discorrer sobre a situação jurídica dos quilombolas, aborda o critério de autoatribuição, que, ao mesmo tempo que privilegia a legitimidade, pode gerar a possibilidade de ocorrência de abusos ou fraude:

> Se a auto-atribuição apresenta-se, do ponto de vista antropológico, como o mais indicado critério de reconhecimento de uma comunidade como remanescente de quilombo, pode ser que reste ao Direito a tarefa ingrata de invalidá-lo em situações de fraude evidente. Se um grupo supostamente fragilizado candidata-se à obtenção de vantagens públicas, num contexto de escassez que é típico dos recursos públicos e dramático em Estados de muita gente pobre, a usurpação da condição que legitima essa candidatura viola gravemente a isonomia, pois priva de tais vantagens outros grupos realmente fragilizados. Portanto, assim como não se pode ignorar a precedência do critério da auto-identificação, não se deve sobrevalorizá-lo, mas admitir, em casos extremos, sua infirmação. Certo é, contudo, que a auto-atribuição goza de uma presunção favorável e exige forte argumentação para ser invalidada (ROTHENBURG, 2010b, p. 459-60).

Os estudos na ONU ainda acabaram por diferenciar dois tipos de minorias, dependendo da forma de se realizar a equiparação social desses grupos à sociedade:

> Entende-se por minorias "*by force*" aquelas minorias e seus membros que se encontram numa posição de inferioridade na sociedade em que vivem e que aspiram apenas a não serem discriminados em relação ao resto da sociedade, querendo adaptar e assimilar-se a esta. Em contrapartida, as minorias "*by will*" e seus membros exigem, além de não serem discriminados, a adoção de medidas especiais as quais permitam-lhes a preservação de suas características coletivas – culturais, religiosas ou linguísticas. Determinadas em preservar tais características, as minorias "*by will*" não querem se assimilar à sociedade em que vivem, mas integrar-se nela como unidade distinta do resto da população (WUCHER, 2000, p. 50-1).

Wucher (2000, p. 52) aponta algumas diferenças entre esses tipos de minorias. Enquanto as minorias *by force* querem equiparação com a maioria, as demais (*by will*) querem ser aceitas pela sociedade, mas preservando suas diferenças. Ou seja, querem que suas diferenças sejam reconhecidas, querem inclusão social ou pluralismo.

Assim, as medidas de inclusão social de minorias na sociedade em determinadas situações podem visar à assimilação dos grupos à situação da "maioria", por exemplo o casamento homoafetivo, cujos defensores pleiteiam a equiparação com o regime matrimonial do casamento heterossexual (VECCHIATTI, 2010); mas também pode ser que a integração desses grupos se verifique de maneira que suas diferenças sejam observadas como medida de inclusão social, por exemplo o reconhecimento das tradições dos indígenas. Com efeito, "[...] a ênfase conferida às minorias '*by will*' implica no enfoque do elemento de solidariedade entre os membros de uma minoria, com vistas à preservação de suas características comuns" (WUCHER, 2000, p. 87).

Há ainda quem aponte os seguintes elementos constitutivos das minorias: numérico, não dominância, cidadania, solidariedade entre os membros das minorias, com vista à defesa da cultura (WUCHER, 2000, p. 45). Assim, um grupo seria considerado minoria somente se atendesse a esses cinco requisitos, simultaneamente.

Ocorre que nem sempre determinados grupos em situação de "fraqueza" apresentam esses cinco elementos constitutivos simultaneamente, conforme é exposto adiante.

O elemento numérico que mais se relaciona com a palavra "minoria" sugere que o grupo a ser protegido deve ser numericamente pequeno, como já visto.

Esse elemento, por evidente, não seria suficiente quando aplicado, por exemplo, à realidade brasileira, se for levada em conta a situação do país no que se refere à discriminação racial.

Com efeito, adotando este critério, os negros no Brasil não se encaixariam na definição de minoria, em que pese os longos anos de escravatura nos períodos colonial e imperial e, posteriormente, a exclusão social que se perpetra até hoje, que os coloca em situação de vulnerabilidade social em várias situações.

A título de exemplo, no que diz respeito à situação econômica, uma pesquisa do IBGE, realizada no final do século passado, demonstra que a renda média dos que se autodeclararam negros ou pardos correspondia aproximadamente a 70% da renda média dos brancos (FERES JUNIOR; SOUZA NETO, 2010, p. 359).

Outros casos que revelam a insuficiência do critério numérico podem ser citados: como as mulheres, que inegavelmente sofreram e ainda sofrem, por exemplo, discriminação em razão da cultura machista de uma sociedade que valoriza a força de trabalho masculina em detrimento da feminina, o que faz que as mulheres venham a receber, em média, 25% a menos da remuneração paga aos homens pelo exercício da mesma atividade (CRUZ, 2003, p. 65).

Por isso, o critério numérico é insuficiente para a identificação de minorias:

> A nomeação de algumas minorias aprioristicamente parece um contrassenso, como a mulher, vez que ela já constitui mais da metade da população mundial. O mesmo ocorre com os idosos, quase beirando 8% da população mundial, e ainda não reconhecidos como grupo com características e interesses próprios. Estes paradoxos são a essência de uma discriminação que não deveria existir (SÉGUIN, 2002, p. 10).

Diante da insuficiência do elemento numérico, há quem diferencie os conceitos de minorias e grupos vulneráveis (WUCHER, 2000, p. 46). Assim, os grupos vulneráveis seriam caracterizados pelo elemento de não dominância, independente da quantidade de membros pertencentes à categoria. Esse termo seria distinto do conceito de minorias:

> Grupos vulneráveis podem, mas não precisam necessariamente, constituir-se em grupos numericamente pequenos: mulheres, crianças e idosos podem ser considerados "grupos vulneráveis", sem, no entanto, se constituírem em minoria (WUCHER, 2000, p. 46).

Séguin considera irrelevante a diferença entre os termos "minorias" e "grupos vulneráveis" para efeitos práticos:

> Existe certa confusão entre minorias e grupos vulneráveis. As primeiras seriam caracterizadas por ocupar uma posição de não dominância no país onde vivem. Os grupos vulneráveis podem se constituir num grande contingente numericamente falando, como as mulheres, crianças e idosos. Para alguns são grupos vulneráveis, posto destituídos de poder, mas guardam a cidadania e os demais elementos que poderiam transformá-los em minorias. Na prática tanto os grupos vulneráveis quanto as minorias sofrem discriminação e são vítimas da intolerância, motivo que nos levou, no presente estudo, a não nos atermos à diferença existente (SÉGUIN, 2002, p. 12).

Os demais critérios propostos por Coportorti também, por si só, não parecem suficientes para a proteção de determinadas minorias (ou grupos vulneráveis). Com efeito, ao exigir os elementos de cidadania ou solidariedade entre os grupos, algumas pessoas hipossuficientes podem não ser contempladas com políticas de inclusão social, como por exemplo trabalhadores imigrantes e pessoas com deficiência:

> [...] mesmo um grupo pequeno em posição de não dominância ainda pode não ser considerado uma minoria, como, por exemplo, trabalhadores migrantes (por não serem cidadãos do país em que vivem) ou pessoas portadoras de deficiências (por falta de solidariedade com vistas à preservação de cultura, tradições, religião ou idioma) (WUCHER, 2000, p. 46).

Também o critério de não dominância, tomado de maneira isolada, não é exato, pois há casos em que determinados grupos não são dominantes em certas situações e em outras são, por exemplo os judeus, que em determinados lugares podem ser considerados não dominantes (em termos numéricos ou religiosos) e ao mesmo tempo dominantes (em termos econômicos).

Os grupos minoritários devem ser definidos sempre em determinado contexto social, conforme já sustentado. A realidade de cada sociedade deve ser verificada, tendo em vista as características sociais e históricas de cada país.

O importante é que sejam combinados vários critérios para identificar minorias, desde que através deles se possa aferir com o máximo de objetividade a situação de vulnerabilidade que deve ser corrigida através do tratamento jurídico adequado.

Desta feita, o "conceito" de minorias ficará sempre aberto, admitindo ser revisitado no futuro sem a inconveniência de uma definição mais "exata".

Deve-se determinar os grupos de pessoas que mais sofrem os efeitos da exclusão social e, assim, tomar medidas para que sejam inseridos na vida social e política da sociedade de que fazem parte.

Em última análise, a defesa de minorias é sinônimo de combate à intolerância, que se manifesta de diferentes maneiras na sociedade, fazendo que a cada dia surjam:

> [...] novos grupos ou se reconhece o tratamento discriminatório recebido por determinadas pessoas portadoras de uma característica, como os presos e os egressos do sistema penitenciário, que são vitimizados por este ou aquele motivo, mas que na verdade são discriminados pela intolerância e pelo preconceito de que voltarão a delinquir (SÉGUIN, 2002, p. 15).

Assim, o conceito de minorias deve se caracterizar pela sua natureza eminentemente qualitativa, ou seja, levando em consideração o aspecto que coloca o grupo ou pessoa em situação de vulnerabilidade (cultura, etnia, língua, classe social etc.).

Pontuar uma solução específica e, sobretudo, eficiente para a solução de tal celeuma nos parece um desafio que mais se aproxima de um dilema. Assim como as leis editadas pelo Legislativo pátrio, que não são capazes de prever todos os casos concretos que merecem ser disciplinados, hipótese semelhante ocorre com as tentativas de uma definição científica do termo "minorias".

## 2.2. As minorias como "povo"

Não menos importante do que apresentar critérios para a identificação de minorias e, consequentemente, identificar pessoas e grupos merecedores de políticas de proteção social, deve-se estudar quais as maneiras de se abordar a proteção de minorias, bem como as formas de sua inclusão social.

Nos paradigmas clássicos de concessão e proteção de direitos, os Estados se preocupam mais em conceder direitos a indivíduos e não a grupos de pessoas. Há uma inclinação pelos direitos individuais em detrimento de direitos coletivos que vem sendo modificada, mas que ainda gera muita influência no regramento jurídico da atualidade.

Esse enfoque individual na proteção de direitos pode ser verificado, por exemplo, na opinião da ONU que, após a Segunda Guerra, chegou a manifestar que a proteção de grupos específicos seria desnecessária, diante da universalidade dos direitos humanos (WUCHER, 2000, p. 58).

Com base nesse raciocínio, as minorias não necessitariam de proteção legal específica dos Estados, pois a universalidade dos direitos humanos se encarregaria de proteger a todos, inclusive os mais vulneráveis.

Essa concepção, como se disse, demonstra a visão tradicional individualista da proteção de direitos. Com efeito:

> A concepção individualista predominante em relação à proteção de minorias, apesar de não deixar de implicar uma certa lógica, no campo teórico, conforme observa Bokatola, aparenta, no entanto, ser insuficiente no plano operacional, perante a realidade da eclosão e da violência de múltiplos conflitos envolvendo minorias em muitas partes do mundo (WUCHER, 2000, p. 60).

A atribuição de direitos a grupos favorece a criação de uma identidade às pessoas pertencentes aos grupos minoritários, fazendo que tenham a percepção de que fazem parte de uma sociedade.

A noção dessa coletividade faz com que as minorias visualizem o direito da autodeterminação, combatendo a concepção individualista tradicional que não considera as minorias parte de um povo:

> Sendo assim, a adoção da fórmula *persons belonging to minorities*, síntese do cunho individualista no tratamento de minorias em textos internacionais, é motivada pela intenção de impedir a vindicação do direito à autodeterminação, por parte de minorias: mesmo um número considerável de indivíduos, reivindicando isoladamente determinado direito, não tem o mesmo peso político quanto um grupo, ao reclamar um direito coletivo em sua qualidade de grupo. E, através da evidente impossibilidade de conferir o direito coletivo à autodeterminação a uma pessoa individualmente, pretendia-se despolitizar o assunto, prevenindo eventuais pleitos nesse sentido por parte de minorias (WUCHER, 2000, p. 69).

Souza Filho trata do assunto ao estudar a situação histórica do índio:

> Os Estados Nacionais Latinoamericanos, desde que surgiram e foram constituídos juridicamente, omitiram os povos indígenas que viviam em seus territórios. De fato, as Constituições formadoras, datadas do início do século XIX, à imagem e semelhança das europeias, reconheceram apenas o indivíduo como titular de direitos. Nessa visão, tudo o que fosse coletivo e plural deveria ser reduzido a individual, e todos os direitos deveriam ter como legitimidade um contrato entre homens livres. Isto é, os povos, comunidades, organizações e grupos sociais diferentes foram desconsiderados em nome do indivíduo e sua liberdade, na ideia de que o reconhecimento do coletivo restringiria a liberdade individual (SOUZA FILHO, 2010, p. 479).

Esse não reconhecimento de índios, como também de negros, se dava em razão da visão individual que se conferia à proteção de direitos. Não havia preocupação com proteção de direitos coletivos.

Considerava-se que, para ter direito à proteção, as minorias deveriam deixar de ser minorias e, assim, passariam a integrar a sociedade de forma individual:

> Não se tratava de desassistência, mas de negação de existência. De fato o sistema considerava que os índios, escravos, caboclos (coletores, pescadores, camponeses em terras sem títulos) deveriam in-

tegrar, individualmente o sistema: os índios, deixar de ser índios, os escravos, adquirir sua liberdade e tornar-se trabalhadores assalariados, os caboclos, que declarassem sua posse ao Estado e se tornassem ou proprietários por compra ou empregados dos novos proprietários (SOUZA FILHO, 2010, p. 480).

Em relação aos índios, contudo, essa concepção individual sofreu alterações, e direitos coletivos foram aos poucos sendo reconhecidos, principalmente no que tange aos direitos de propriedade (SOUZA FILHO, 2010, p. 486). A Constituição de 1988 reconhece os povos indígenas como um "grupo diferenciado na sociedade nacional", o que acaba por se reconhecer como pluriétnico, mas não deixa "todos os outros [grupos], quilombolas, ciganos, ribeirinhos, extrativistas em geral, fora do direito à diversidade" (SOUZA FILHO, 2010, p. 487).

A visão tradicional sobre direitos de minorias considera que os direitos dos grupos minoritários são mera concessão do Estado às minorias, por conveniência política. Tais concessões seriam concedidas pelo Estado para que este mantivesse sua estabilidade interna (WUCHER, 2000 p. 74).

É preciso enxergar as minorias como povo, isto é, como membros de uma coletividade que também tem o poder de criar e modificar uma Constituição. Essa noção de minorias como "povo" deve ser transportada para todos os tipos de minorias: idosos, deficientes, índios, afrodescendentes, mulheres etc.

A diversidade implica assumir que todas essas pessoas detêm parcela do poder constituinte e, portanto, são responsáveis pela elaboração da Constituição. Desse modo o documento jurídico que não prevê direitos de minorias deve ser considerado ilegítimo, por não expressar a vontade do povo.

A participação de minorias no processo decisório se relaciona com o conceito de cidadania:

> A cidadania credencia o cidadão a atuar na vida efetiva do Estado como partícipe da sociedade política. O cidadão passa a ser pessoa

integrada na vida estatal. A cidadania transforma o indivíduo em elemento integrante do Estado, na medida em que o legitima como sujeito político, reconhecendo o exercício de direitos em face do Estado (OLIVEIRA; SIQUEIRA JÚNIOR, 2007, p. 241).

Friedrich Müller critica o conceito "tradicional" de povo, que tem um caráter seletivo, sempre representando aqueles integrantes de classes dominadoras, excluindo as minorias:

> [...] faz-se um uso ideológico da concepção "poder constituinte do povo". A população (um conceito com o qual até hoje nenhuma teoria legitimadora quis se ornamentar) está sempre cindida em classes/camadas sociais e de qualquer modo sempre segundo a diferença entre os gêneros. Durante a maior parte da história da humanidade que nos é conhecida, os homens praticamente dominaram as mulheres, retirando-lhes tendencialmente os seus direitos; e eles continuam fazendo isso na maior parte do planeta. Aqui nem se fala das diferenças étnicas, das assim chamadas diferenças raciais (cor da pela, tipo físico), das diferenças religiosas e linguísticas/culturais efetivamente inerentes a uma população, que no entanto põem adicionalmente em dúvida um "povo" enquanto conceito *unitário* legitimador, segundo uma práxis excessivamente difundida (MÜLLER, 2005, p. 61-2).

## 2.3. AS MINORIAS COMO DETENTORAS DE PARCELA DO PODER CONSTITUINTE

A inclusão social de minorias deve ser efetivada, não só em respeito à prevalência dos direitos humanos desses grupos menos favorecidos, mas também para que essas pessoas contribuam para a construção e manutenção da sociedade em que vivem.

A minoria, como parcela pertencente ao povo, também tem o direito e o dever de participar da vida política, econômica e social de seu país, o que contribuirá para a definição de uma identidade nacional, que respeita os direitos humanos e é favorável ao pluralismo.

Com efeito, o tema se relaciona de maneira direta com a democracia, como bem explica Séguin:

> Também é grande a correlação entre minorias, grupos vulneráveis, democracia e cidadania. A intimidade entre estes conceitos demonstra uma interdependência, pois a forma como se aborda a questão das minorias e dos grupos vulneráveis pode provocar sérios arranhões à democracia de um país. A superação de impasses das diferenças permite, em nível interno, o resgate de uma cidadania perdida ou escondida dentro do armário e, em nível internacional, a paz mundial (SÉGUIN, 2002, p. 3-4).

No contexto internacional, conforme aborda Wucher (2000, p. 8), a inclusão social de minorias tem relação com a própria manutenção da paz no mundo.

O processo de participação na sociedade se relaciona com o critério para a distribuição de bens:

> A forma de estabelecer a distinção entre as pessoas, base para a diferenciação das quantidades de bens e ônus distribuídos, não é, entretanto, natural ou evidente. Na realidade, o critério distributivo não dispensa alguns dados prévios, como a *natureza* do objeto de distribuição, a *qualidade* ou *discrímen* adotado e o *regime político* consoante o qual é organizada a comunidade (CASTILHO, 2009, p. 22).

Nancy Fraser (2010), ao analisar a integração social de grupos excluídos, apresenta dois tipos de demandas que normalmente são exigidas para isso.

De um lado, têm-se as políticas de redistribuição, que pretendem corrigir a exclusão social, consequência da estrutura econômica da sociedade.

A autora cita como exemplo a classe trabalhadora, que é explorada pelo sistema capitalista, não participando de maneira igualitária na distribuição de riquezas da sociedade. Nesse caso, o Estado deve promover medidas de redistribuição de riquezas, promovendo uma participação das benfeitorias justa para as minorias.

De outro lado, a autora cita as políticas de reconhecimento. Tais políticas buscam questionar o *status* cultural da sociedade, que é a causa da exclusão de determinadas minorias. A autora, nesse ponto, cita como exemplo a discriminação de gênero.

Com efeito, pode-se dizer que até hoje o trabalho da mulher parece receber um valor menor do que o conferido ao mesmo tipo de mão de obra do homem. O Estado então, muito mais do que mera redistribuição de riquezas, deve interferir, a fim de que a participação de grupos excluídos, por esse motivo, seja efetivamente igualitária.

Não obstante, a autora defende que a inclusão social de grupos minoritários não pode ser resumida a um ou outro tipo de política. Quer dizer que medidas que tenham por fim proteger minorias não podem apenas se ocupar de redistribuição ou com a questão de *status*:

> Minha tese geral é a de que a justiça requer tanto redistribuição quanto reconhecimento. Nenhum deles sozinho é suficiente. Tão logo alguém endosse esta tese, todavia, a questão sobre como combiná-los torna-se primordial. [...]. Na prática, a tarefa é construir uma orientação político-programática que integre o melhor da política de redistribuição com o melhor da política do reconhecimento (FRASER, 2010, p. 168).

Para Nancy Fraser, tais medidas devem sempre atuar em conjunto, isto é, políticas de reconhecimento devem necessariamente vir acompanhadas de políticas de redistribuição.

Negros, por exemplo, apesar de não constituírem minoria em "quantidade", são, indiscutivelmente, um grupo que é marginalizado tanto pelo aspecto cultural, quanto pelo econômico.

Ao longo da história do Brasil, mesmo após o fim da escravatura, o negro tem dificuldades de praticar plenamente seus direitos. São marginalizados no mercado de trabalho, no acesso à educação e na participação política, por exemplo.

É evidente que esse preconceito praticado contra os afrodescendentes provoca danos econômicos a esse mesmo grupo.

Assim, a questão deve sempre ser estudada sob ambos os prismas (cultural e econômico) para que se alcance uma solução adequada e justa. Por exemplo, não basta a realização de políticas de reconhecimento do negro sem as conjuntas medidas de redistribuição.

Assim, por exemplo, a afirmação do direito de igualdade material dos negros deve acompanhar também ações afirmativas, como reservas de vagas em universidades públicas e concursos públicos.

Essas políticas de inclusão social têm por última finalidade equiparar minorias ao restante da sociedade, no sentido de conferir aos grupos marginalizados o igual direito à participação política e na tomada de decisões do país.

Fraser (2010, p. 181) propõe que a integração de minorias necessita de duas condições: a primeira, de ordem objetiva, requer que a justiça seja arranjada de forma a permitir a todos os membros da sociedade interagir uns com os outros como pares, sem relação de subordinação econômica ou cultural.

A segunda condição, caracterizada como subjetiva, sugere que a sociedade necessita de "[...] padrões institucionalizados de valor cultural que expressem igual respeito por todos os participantes e assegurem igual oportunidade para a conquista da estima social" (FRASER, 2010, p. 181).

Por meio dessas condições, a autora estabelece o núcleo normativo da inclusão social de minorias, que é a participação paritária, uma concepção bidimensional de justiça que abrange tanto a redistribuição quanto o reconhecimento.

A base jurídica que possibilita a implementação dessas políticas de inclusão social deve se manifestar através do poder constituinte originário, ainda que a implementação de políticas de inclusão social ocorra em um momento posterior à elaboração da Constituição (infraconstitucional, nível administrativo, legislativo etc.), ela é a responsável pelo alicerce jurídico através de regras e principalmente princípios, que fundamentam a discriminação positiva em prol dos grupos marginalizados.

A minoria, como povo, é detentora de parcela do poder constituinte, de modo que é responsável pela criação da Constituição.

Assim, o ato de elaboração da Constituição deve exprimir também a vontade das minorias, favorecendo a construção de um ordenamento jurídico capaz de proteger os mais fracos através de políticas de reconhecimento e de redistribuição.

A Constituição que não favorece as minorias deve ser considerada ilegítima, por não respeitar os interesses das minorias como povo, parcela detentora do poder constituinte.

O poder constituinte deve criar regras e princípios que favoreçam a igualdade e a não discriminação, de modo que os grupos minoritários possam, nesta Constituição, fundamentar seus pleitos.

Dessa maneira, será possível a adoção de medidas positivas, tendentes a promover a efetivação da igualdade entre os grupos minoritários e os demais cidadãos.

Apenas quando se romperem as barreiras que segregam as minorias do convívio social pleno, os direitos fundamentais, constitucionalmente assegurados, passarão a ser de todos.

# Direitos humanos e direitos de minorias

## 3.1. Direitos fundamentais e direitos humanos

Várias expressões são utilizadas para se designar aqueles direitos inerentes ao ser humano, necessários para o desenvolvimento de uma vida digna: "liberdades públicas", "liberdades fundamentais", "direitos individuais", "direitos públicos subjetivos", "direitos naturais", "direitos civis" (SARLET, 2010, p. 28).

Contudo, são as expressões "direitos fundamentais" e "direitos humanos" as mais encontradas nos textos constitucionais e também nos livros sobre o tema.

Cabe, aqui, uma breve explicação sobre como esses termos são abordados pela doutrina. Na realidade, trata-se de termos que guardam mais semelhanças do que diferenças entre si.

Ambas as expressões são usadas para designar direitos essenciais do homem, os direitos que se enquadrariam como básicos para o desenvolvimento digno da pessoa humana.

A sua diferença parece ser mais formal do que substancial. Com efeito, a expressão "direitos humanos":

> [...] é reservada para aquelas reivindicações de perene respeito a certas posições essenciais ao homem. São direitos postulados em bases

jusnaturalistas, contam índole filosófica e não possuem como característica básica a positivação numa ordem jurídica particular (BRANCO; COELHO; MENDES, 2008, p. 244).

Costuma-se dizer que a expressão "direitos humanos" é mais utilizada no plano internacional, nas elaborações de tratados sobre a matéria, ao passo que os "direitos fundamentais" designam aquele catálogo de direitos positivados nas Constituições, ou seja, presentes no direito interno:

> Em que pese sejam ambos os termos ("direitos humanos" e "direitos fundamentais") comumente utilizados como sinônimos, a explicação corriqueira e, diga-se de passagem, procedente para a distinção é que o termo "direitos fundamentais" se aplica para aqueles direitos do ser humano reconhecidos e positivados na esfera do direito constitucional positivo de determinado Estado, ao passo que a expressão "direitos humanos" guardaria relação com os documentos de direito internacional, por referir-se àquelas posições jurídicas que se reconhecem ao ser humano como tal, independentemente de sua vinculação com determinada ordem constitucional, e que, portanto, aspiram à validade universal, para todos os povos e tempos, de tal sorte que revelam um inequívoco caráter supranacional (internacional) (SARLET, 2010, p. 29).

Essa divisão, no entanto, não significa que:

> [...] os direitos humanos e os direitos fundamentais estejam em esferas estanques, incomunicáveis entre si. Há uma interação recíproca entre eles. Os direitos humanos internacionais encontram, muitas vezes, matriz nos direitos fundamentais consagrados pelos Estados e estes, de seu turno, não raro acolhem no seu catálogo de direitos fundamentais os direitos humanos proclamados em diplomas e em declarações internacionais. É de se ressaltar a importância da Declaração Universal de 1948 na inspiração de tantas Constituições do pós-guerra (BRANCO; COELHO; MENDES, 2008, p. 244).

Assim, percebe-se que não há diferença material entre as expressões "direitos humanos" e "direitos fundamentais".

Pietro de Jesús Lora Alarcón, no entanto, realça a importância de se trabalhar a diferença terminológica em questão, devendo esses termos ser dotados de certo rigor técnico, uma certa precisão conceitual (ALARCÓN, 2008, p. 281).

Na opinião de Alarcón, a escolha por qualquer destas nomenclaturas implicará compromisso do estudioso com a opção que fizer, porque determinará a visão que o profissional tem a respeito do Direito em si, demonstrando seus próprios valores morais, o que indica serem as expressões direitos humanos e correlatas sempre dotadas de certa subjetividade:

> En resumen, cuando intentamos identificar el contenido de los derechos humanos estaremos siempre asumiendo una opción, tal vez siendo traicionados por una forma de percepción del fenómeno jurídico, de lo que entendemos como Derecho. Nos denunciará lo inevitable, nuestros imperativos morales, nuestra correlación con el entorno, nuestras referencias valorativas. Aún así, este ejercicio nos parece posible e imprescindible para rodear a los derechos humanos de un sentido lógico, axiológico y determinante para la vida y seguridad de todos los seres humanos (ALARCÓN, 2008, p. 283).

Não se ignora a diferenciação pertinente a esses termos pelos estudiosos, inclusive de índole prática, especialmente quanto se leva em consideração a dicotomia existente entre o direito interno e o direito internacional no que diz respeito à soberania estatal, e amplitude e hierarquia dos tratados internacionais de direitos humanos.

Neste trabalho, optou-se pela expressão "direitos humanos" para se referir a esses direitos elementares, dos quais qualquer pessoa humana é titular. A preferência tem razão de ser, tendo em vista tratar-se de um termo mais genérico, não necessariamente vinculado a um determinado ordenamento jurídico e especialmente porque irá situar esses direitos acima do poder constituinte originário, como limites jurídicos deste, considerando a relação transcendental entre os direitos humanos e os textos das Constituições dos Estados.

## 3.2. Gerações ou dimensões de direitos humanos

Muitos autores classificam os direitos humanos por "gerações" ou "dimensões".

Essa classificação em "gerações" dos direitos humanos é criticada, com razão, por outros estudiosos (SARLET, 2010, p. 45). De fato, a ideia de gerações parece separar as diversas espécies de direitos em compartimentos estanques e incomunicáveis, quando na verdade se trata de direitos que se complementam:

> Com efeito, não há como negar que o reconhecimento progressivo de novos direitos fundamentais tem o caráter de um processo cumulativo, de complementaridade, e não de alternância, de tal sorte que o uso da expressão "gerações" pode ensejar a falsa impressão da substituição gradativa de uma geração por outra, razão pela qual há quem prefira o termo "dimensões" dos direitos fundamentais, posição esta que aqui optamos por perfilhar, na esteira da mais moderna doutrina (SARLET, 2010, p. 45).

Nesse sentido, são três as dimensões de direitos humanos.

Os direitos de primeira dimensão se caracterizam por expressar a noção de liberdade, implicando a não interferência do Estado na esfera de direitos dos indivíduos. Como são direitos que se destacam pela noção de liberdade ou na não intervenção do Estado, costuma-se dizer que esses direitos têm cunho "negativo", exigindo uma abstenção do poder estatal (SARLET, 2010, p. 47).

Com efeito:

> [...] de acordo com esta classificação, os direitos humanos de primeira dimensão seriam os direitos civis e políticos que foram defendidos como garantias ao direito individual do ser humano, tendo sido referenciados num primeiro momento no *Bill of Rights* de 1776, depois durante a Revolução Francesa de 1789, tendo base a "liberdade" de sua ideologia, e na "Declaração de Direitos do Homem e do Cidadão". Depois da Segunda Guerra Mundial, a primeira dimensão acabou sendo

aprofundada e a ONU subscreve a "Declaração Universal dos Direitos Humanos" em 1948. A Declaração estabelece que todos os homens nascem livres e iguais em dignidade e direitos e que possuem capacidade para gozar os direitos e liberdades sem distinção de qualquer espécie, raça, sexo, cor, língua, opinião política ou qualquer outra natureza, origem nacional, social, riqueza, nascimento ou qualquer outra limitação de soberania. Nessa dimensão se defende apenas o homem através de sua liberdade em face do comando estatal, reconhecendo seus direitos civis e políticos, como por exemplo, o direito de votar e ser votado. É o homem contra o Estado, o qual deve apenas desempenhar um papel de polícia por meio do Poder Executivo, e de controle e prevenção pelo Poder Judiciário (BUSSINGUER, 2010, p. 1.714).

Os direitos de segunda dimensão são aqueles que demandariam uma ação do Estado. Trata-se de direitos a uma prestação estatal. Nesta classe de direitos, fica mais evidente a função do Estado em promover a inclusão social dos menos favorecidos. Assim, são reconhecidos, em geral, os direitos sociais, pois que seriam direitos que dependeriam de uma tarefa estatal.

São direitos de segunda dimensão os econômicos, sociais e culturais (SARLET, 2010, p. 47), uma vez que demandam uma atuação "positiva" do Estado, ou seja, exige-se sua intervenção nas relações particulares para que os direitos se tornem efetivos.

Com efeito:

> Se os direitos fundamentais de primeira geração tinham como preocupação a liberdade contra o arbítrio estatal, os de segunda geração partem de um patamar mais evoluído: o homem, liberto do jugo do Poder Público, reclama agora uma nova forma de proteção de sua dignidade, como seja, a satisfação das necessidades mínimas para que se tenha dignidade (ARAUJO; NUNES, 2005, p. 115-6).

Os direitos de terceira dimensão são os direitos difusos, transindividuais, que ultrapassariam a esfera particular de um determinado destinatário, sendo um verdadeiro direito da pessoa, como membro de uma sociedade. Assim, pertence a essa espécie o direito a um meio ambiente ecologicamente equilibrado, por exemplo.

Uma nota característica dos direitos de terceira dimensão é a solidariedade, elemento necessário para a estruturação de qualquer sociedade democrática.

As fronteiras da individualidade são rompidas para a busca da efetivação de direitos coletivos e da inclusão social.

As três dimensões de direitos, classificadas segundo se expôs, traduzem em conjunto o próprio ideal da Revolução Francesa: liberdade, igualdade e fraternidade.

Manoel Gonçalves Ferreira Filho assim resume a classificação tradicional:

> Na verdade, o que aparece no final do século XVII não constitui senão a primeira geração de direitos fundamentais: as *liberdades públicas*. A segunda virá logo após a primeira Guerra Mundial, com o fito de complementá-la: são os *direitos sociais*. A terceira, ainda não plenamente reconhecida, é a dos *direitos de solidariedade* (FERREIRA FILHO, 2008, p. 6).

Há ainda quem aponte a existência de direitos de quarta e quinta dimensões (BONAVIDES, 2008, p. 571 e 579).

Essa classificação tradicional dos direitos em dimensões parece ser didaticamente adequada quando se pensa no caráter universal dos direitos humanos, considerando todas as pessoas como destinatárias.

Ocorre que, quando se analisa essa classificação sob aspectos particulares, especialmente no que se refere à atuação do Estado na proteção e efetivação destes direitos, a ela não parece se adequar o reconhecimento e efetivação de direitos de grupos minoritários.

Com efeito, sob esse prisma, nem sempre é possível identificar com exatidão em qual "dimensão" um direito se encaixa. Por exemplo, a igualdade para as minorias, direito que sob o aspecto geral demandaria uma abstenção do Estado, depende, na prática, de políticas públicas de reconhecimento e redistribuição.

É o caso, por exemplo, da reserva de vagas em concursos e universidades para minorias étnicas (índios, negros), o que significa oferecer uma compensação por eles se encontrarem em situação de desvantagem social.

Assim, verifica-se que o reconhecimento de direitos de minorias, no mais das vezes, implica quase sempre atuação do Estado. É complexa ainda a tarefa de classificar esses direitos como de segunda ou terceira dimensão. Com efeito, não são direitos que meramente exigem uma atuação específica do Estado (segunda dimensão), mas também se relacionam com direito à solidariedade e à tolerância, mais identificáveis como direitos de terceira dimensão.

## 3.3. O FUNDAMENTO DOS DIREITOS HUMANOS: A DIGNIDADE DA PESSOA HUMANA COMO NÚCLEO

A classificação de um direito como um "direito humano" não é um trabalho fácil. Porém, deve-se questionar qual é o fundamento para a sua definição.

Com efeito, essa tarefa é essencial principalmente para se "[...] identificar direitos fundamentais implícitos ou fora do catálogo expresso da Constituição" (BRANCO; COELHO; MENDES, 2008, p. 236).

E, sobretudo, a importância de se verificar direitos humanos fora do texto constitucional, como em tratados internacionais, por exemplo, reforça a necessidade de se refletir sobre a existência de limites jurídicos ao poder constituinte, visto que não é possível continuar sustentando que este é ilimitado juridicamente.

Para Vieira de Andrade (*apud* BRANCO; COELHO; MENDES, 2008, p. 236), a principal característica de um direito humano estaria na proteção da dignidade da pessoa humana.

No mesmo sentido lecionam Campello e Silveira:

Desse modo, podemos inferir que a dignidade enquanto critério de integração da ordem constitucional vigente presta-se para a fundamentação dos direitos humanos, na medida em que foram incorporados ao sistema constitucional interno formando o rol de direitos fundamentais vigentes. De outro modo, não há dúvida que a natureza da dignidade como fundamento dos direitos humanos (ou dos direitos fundamentais, do ponto de vista das Constituições contemporâneas) faz com que ela irradie seus efeitos por todo o ordenamento jurídico (interno e/ou internacional), implicando o reconhecimento e a proteção dos direitos em todas as suas dimensões (CAMPELLO; SILVEIRA, 2010, p. 4.977).

Por isso, a dignidade da pessoa humana opera como um limite ao poder estatal:

> Percebe-se que a atuação estatal é limitada negativamente, ou seja, o Estado deve respeitar a dignidade inerente a todos os seres humanos, mas também deve promover condutas positivas com o objetivo de protegê-la, incluindo-se a proteção contra atos praticados por entidades privadas ou por particulares, pois que também tem suas ações vinculadas ao referido princípio (PICCIRILLO, 2008, p. 235).

O Estado deve estar a serviço da vontade popular, respeitando direitos humanos. No caso brasileiro, a Constituição expressamente adotou a dignidade como um dos fundamentos da República Federativa do Brasil, o que implica compromisso do Estado em respeitar direitos humanos:

> Ao colocar a dignidade da pessoa humana como um dos fundamentos da República Federativa do Brasil, transformou-a em valor-fonte, valor supremo do sistema jurídico brasileiro. Como fundamento do Estado Democrático de Direito, constituinte, além de ter tomado uma decisão fundamental a respeito do sentido, da finalidade e da justificação do exercício do poder estatal e do próprio Estado, reconheceu que é o Estado que existe em função da pessoa, e não o contrário. O ser humano constitui finalidade precípua e não meio a atividade estatal (FURLAN, 2009, p. 12).

Nessa vertente, os direitos humanos das minorias ganham especial relevância, por abranger não só o indivíduo mas também a sociedade como um todo, defendendo grupos que necessitam de atuação diferenciada do poder estatal.

## 3.4. DIREITOS HUMANOS COMO FUNDAMENTO DA PROTEÇÃO DE MINORIAS

Os direitos humanos são destinados a todas as pessoas, independente de se enquadrarem no conceito de minorias. Com efeito, especialmente após as guerras mundiais, a sociedade internacional começa a se preocupar com a proteção de direitos humanos (BRANCO; COELHO; MENDES, 2008, p. 254).

Não obstante esses direitos serem destinados a todos os seres humanos, a sociedade passou a verificar que determinadas pessoas são mais carecedoras de proteção de seus direitos humanos.

Com efeito:

> Os direitos fundamentais que, antes, buscavam proteger reivindicações comuns a todos os homens, passaram a, igualmente, proteger seres humanos que se singularizam pela influência de certas situações específicas em que apanhados. Alguns indivíduos, por conta de certas peculiaridades, tornam-se merecedores de atenção especial, exigida pelo princípio do respeito à dignidade humana. Daí a consagração de direitos especiais aos enfermos, aos deficientes, às crianças, aos idosos [...]. O homem não é mais visto em abstrato, mas na concretude das suas diversas maneiras de ser e de estar na sociedade (BRANCO; COELHO; MENDES, 2008, p. 244).

Quer dizer que existem grupos para os quais a proteção desses direitos é mais urgente, tendo em vista que geralmente são constituídos por pessoas excluídas socialmente, caracterizando as minorias.

Assim, apesar da diversidade de conteúdo e efeitos jurídicos, os instrumentos internacionais de proteção de direitos humanos têm o objetivo principal de defender os interesses dos mais fracos:

> A despeito de sua diversidade, constitui traço distintivo do *rationale* dos tratados e instrumentos de direitos humanos o de que se dirigem eles à proteção de seres humanos e de que a solução de reclamações neste campo deve assim ser guiada e basear-se no respeito

aos direitos humanos. Na implementação desses tratados e instrumentos, dirigidos à proteção da parte ostensivamente mais fraca (as supostas vítimas), o elemento do "interesse público" comum ou geral ou *order public* exerce um papel proeminente. Estes mecanismos se complementam uns aos outros no desempenho de suas funções e na realização de seu propósito comum de assegurar uma proteção *eficaz* e cada vez mais extensa dos indivíduos lesados. O foco da atenção principal transfere-se assim da questão tradicional da delimitação de competências à do grau ou qualidade da proteção a ser estendida às pessoas vitimadas (CANÇADO TRINDADE, 1991, p. 3).

Não quer dizer, repita-se, que apenas as pessoas pertencentes à classe minoritária gozam de proteção de seus direitos humanos. É que a evolução da sociedade aponta na direção de se verificar as necessidades das pessoas hipossuficientes, de modo que a proteção de seus direitos passou a ganhar destaque, pois a inclusão social destes indivíduos é condição necessária para que uma sociedade seja considerada plenamente democrática.

Com efeito, segundo Cançado Trindade:

> A expansão e a generalização da proteção internacional dos direitos humanos também possibilitaram que se voltasse a atenção aos direitos atinentes a distintas categorias de *pessoas protegidas*, tidas como necessitadas de proteção especial, o que levou ao enunciado de, *e.g.*, direitos dos trabalhadores, direitos dos refugiados, direitos das mulheres, direitos das crianças, direitos dos idosos, direitos dos inválidos (CANÇADO TRINDADE, 1991, p. 39).

Mas essa proteção especial não exclui a proteção "genérica" destinada a todos os membros da sociedade:

> Em todo caso, a implementação dos instrumentos voltados à salvaguarda dos direitos de determinadas categorias de pessoas protegidas há de ser apropriadamente abordada no entendimento de que são eles *complementares* aos tratados *gerais* de proteção de direitos humanos (CANÇADO TRINDADE, 1991, p. 39).

Por isso, não se deve perder de vista que os direitos humanos fundamentam o Estado Democrático de Direito, oferecendo uma base jurídica para a manutenção da paz:

Direitos do homem, democracia e paz são três momentos necessários do mesmo movimento histórico: sem direitos do homem reconhecidos e protegidos, não há democracia; sem democracia, não existem as condições mínimas para a solução pacífica dos conflitos (BOBBIO, 1992, p. 1).

## 3.5. UNIVERSALISMO, MULTICULTURALISMO E PROTEÇÃO DE MINORIAS

Há duas abordagens sobre a aplicação dos direitos humanos. Há a corrente dos que se posicionam pelo caráter universal dos direitos humanos e outros que os consideram direitos relativos, devendo ser observadas as peculiaridades culturais de cada sociedade.

Basicamente, para a corrente universalista, o centro das atenções é o indivíduo. Dessa forma, a dignidade da pessoa humana é o principal fundamento da norma de direitos humanos.

Na visão universalista, todas as pessoas são destinatárias das normas de direitos humanos, podendo ser por elas protegidas, sem ressalva da cultura local de determinado povo.

Já para o relativismo cultural:

> [...] a noção de direito está estritamente relacionada ao sistema político, econômico, cultural, social e moral vigente em determinada sociedade. Sob esse prisma, cada cultura possui seu próprio discurso acerca dos direitos fundamentais, que está relacionado às específicas circunstâncias culturais e históricas de cada sociedade (PIOVESAN, 2008, p. 148).

Quer dizer que, para o relativismo cultural, não é possível estabelecer uma moral universal que orientará um conjunto de direitos humanos a ser aplicado em qualquer sociedade. O conceito de direitos dependeria da filosofia, política, religião, moral e costumes adotados por cada povo.

Observa-se que, na visão relativista, o que se valoriza é o coletivismo, ao passo que no universalismo, o principal ator é o indivíduo (PIOVESAN, 2008, p. 149).

Contudo, há na doutrina quem aponte graus de prevalência nessa classificação. Com efeito, pode-se dizer que para o universalismo, que busca um determinado "mínimo ético irredutível" (PIOVESAN, 2008, p. 150), quanto maior ou menor o tamanho deste "núcleo", pode-se perceber um universalismo "forte" ou "fraco". Consequentemente, pode-se apontar a existência de um relativismo "forte" ou "fraco".

Assim, "[...] a defesa, por si só, desse mínimo ético, independentemente de seu alcance, apontará para a corrente universalista – seja um universalismo radical, forte ou fraco" (PIOVESAN, 2008, p. 151).

Para os defensores do relativismo, sustentar o universalismo implica imposição de uma cultura sobre a outra. Mais especificamente, conforme se verifica na atualidade do direito internacional, significaria valorizar a cultura ocidental em prejuízo de outras consideradas "atrasadas", principalmente no Oriente Médio.

Joaquin Herrera Flores (*apud*, PIOVESAN, 2008, p. 154), em uma posição mais conciliatória, defende um meio termo. Trata o autor de um "universalismo de confluência", em contraposição à ideia de "universalismo de partida".

Quer dizer que a noção de direitos deve ser alcançada através do diálogo entre as diversas culturas. Deste diálogo, a sociedade internacional chegaria a um acordo, no qual ficaria decidido o que deve ser entendido por uma determinada concepção de direitos humanos. A partir dessa concepção, buscar-se-ia a aplicação de maneira universal. Desta maneira, não haveria sobreposição de uma cultura a outra, sendo a norma produzida após o diálogo entre os sujeitos internacionais, respeitando sempre as diversas culturas.

Com efeito:

[...] esse universalismo de confluência, fomentado pelo ativo protagonismo da sociedade civil internacional, a partir de suas demandas e reivindicações morais, é que assegurará a legitimidade do processo de construção de parâmetros internacionais mínimos voltados à proteção dos direitos humanos (PIOVESAN, 2008, p. 155).

Jack Donnely (2003, p. 90) defende que o universalismo radical poderia dar prioridade absoluta de uma moral cosmopolita sobre outras comunidades consideradas "atrasadas".

Por outro lado, a aplicação rígida do multiculturalismo pode levar, no âmbito interno, a nunca ocorrer efetivação de direitos dos mais fracos. Assim, os direitos que ainda "não chegaram" na sociedade podem demorar ou nunca serem reconhecidos.

Mas se os direitos humanos são baseados na natureza humana e no fato de que cada um é um ser humano, como podem esses direitos ser relativos? (DONNELY, 2003, p. 90).

O universalismo de confluência atende aos anseios da proteção de direitos humanos, pois permite um diálogo entre as diversas culturas, sem, contudo, menosprezar a importância dos indivíduos.

Para Jack Donnely:

> Nós não enfrentamos uma escolha, ou seja, entre o relativismo cultural e os direitos humanos universais. Em vez disso, precisamos reconhecer tanto a universalidade dos direitos humanos e sua particularidade e, portanto, aceitar uma certa relatividade limitada, especialmente no que diz respeito às formas de implementação. Devemos levar a sério a ideia inicialmente paradoxal da universalidade relativa dos direitos humanos internacionalmente reconhecidos (DONNELLY, 2003, p. 98).

O multiculturalismo, como visto acima, pode se referir à comparação das culturas das diversas sociedades no plano internacional, responsáveis pela manutenção dos Estados e a criação das respectivas constituições.

Mas ainda há outra maneira de se estudar o debate sobre o multiculturalismo. Com efeito, no que se refere especificamente às demandas dos grupos minoritários, o multiculturalismo tem sido invocado como fundamento desses pleitos.

Quer dizer que o multiculturalismo tem sido exigido também "internamente", no âmbito de cada Estado, não só no plano internacional, como exceção da cultura prevalente.

Demandas minoritárias específicas, como de índios e estrangeiros, neste prisma, valer-se-iam do multiculturalismo para sustentar o direito de manutenção de sua cultura e valores, como exceção, dentro de uma ordem interna específica, com a maioria.

Por isso, há quem visualize, no multiculturalismo, uma ameaça à universalidade dos direitos humanos:

> Nessa visão, a lógica moral do multiculturalismo contradiz fundamentalmente a dos direitos humanos universais. A primeira assegura a cada grupo um direito incondicional de manter suas tradições culturais, mesmo às expensas dos direitos humanos individuais; a segunda insiste em que a diferença cultural apenas é legítima se respeitar o valor moral inerente dos indivíduos, como incorporado nas normas de direitos humanos universais. Multiculturalismo, em resumo, é o inimigo dos direitos humanos (KYMLICKA, 2010, p. 218).

Nessa linha, o receio seria que, com base no multiculturalismo, fossem conferidos direitos às minorias de modo que possibilitasse a estes grupos o autogoverno, de forma que poderiam passar a perseguir quem não pertencesse ao grupo minoritário.

Mas há também posicionamento no sentido contrário sustentando que, na verdade, o multiculturalismo tem como base fundamental os direitos humanos. As demandas multiculturais das minorias só teriam ganhado notoriedade e respeito porque foram formuladas na linguagem dos direitos humanos, conferindo a credibilidade no sentido de que os pleitos minoritários não importariam desrespeito aos direitos humanos das "maiorias".

Com efeito:

> [...] a revolução dos direitos humanos exerceu uma dupla função. Se ela ajudou a inspirar as minorias a pressionar pelo multiculturalismo, é igualmente verdadeiro que a revolução dos direitos humanos limita a forma na qual as minorias articulam e conquistam os seus direitos

de minorias. De fato, a revolução dos direitos humanos é uma espada de dois gumes. Ela criou o espaço político para que grupos étnico-culturais contestassem hierarquias herdadas. Mas ela também exige que os grupos proponham suas reivindicações em uma linguagem muito específica – a saber, a linguagem dos direitos humanos, do liberalismo dos direitos civis e do constitucionalismo democrático, com as suas garantias de igualdade de gênero, liberdade religiosa, não discriminação racial, devido processo e assim por diante. Os líderes das minorias podem apelar para ideais do multiculturalismo liberal para desafiar as suas subordinação e exclusão históricas, mas esses mesmos ideais também impõem-lhes o dever de serem justos, tolerantes e inclusivos (KYMLICKA, 2010, p. 225).

Assim, o multiculturalismo no âmbito interno também deve se revestir de limites fundados nos direitos humanos, compatibilizando estes com os pleitos culturais minoritários.

## 3.6. A FLEXIBILIZAÇÃO DA SOBERANIA ESTATAL EM FACE DOS DIREITOS HUMANOS

A interação entre os Estados através dos instrumentos de direito internacional, como os tratados de direitos humanos, tem exigido a flexibilização das soberanias dos países, a fim de se possibilitar a convivência pacífica entre os povos.

Hoje, não se pode conceber uma autonomia ilimitada aos poderes internos, ignorando a opinião da sociedade internacional, principalmente no que diz respeito à proteção de direitos humanos.

No caso brasileiro, por exemplo, a própria Constituição estabelece que as relações internacionais devem se pautar pela prevalência dos direitos humanos (art. 4º, inciso II, da CF/88).

Com efeito:

A partir do momento em que o Brasil se propõe a fundamentar suas relações com base na prevalência dos direitos humanos, está ao mesmo tempo reconhecendo a existência de limites e condicionamentos à noção de soberania estatal. Rompe-se com a concepção tradicional de soberania estatal absoluta, reforçando o processo de sua flexibilização e relativização em prol da proteção dos direitos humanos. Esse processo é condizente com as exigências do Estado Democrático de Direito constitucionalmente pretendido (BEZERRA JÚNIOR; FONTES SILVA, 2010, p. 5.047).

Em razão disso, os tratados internacionais de direitos humanos na ordem interna têm recebido especial atenção, no que concerne à sua aplicabilidade e hierarquia normativa:

> A Constituição assume expressamente o conteúdo constitucional dos direitos constantes dos tratados internacionais dos quais o Brasil é parte. Ainda que esses direitos não sejam enunciados sob a forma de normas constitucionais, mas sob a forma de tratados internacionais, a Carta lhes confere o valor jurídico de norma constitucional, já que preenchem e complementam o catálogo de direitos fundamentais previsto pelo Texto Constitucional (PIOVESAN, 2008, p. 55).

Nesse novo paradigma, ainda, se verifica, com a flexibilização da soberania estatal, a necessidade de se reconhecer limites jurídicos ao poder constituinte originário.

Entre os parâmetros que o poder constituinte originário deve observar está a democracia, cujo conceito, hoje, implica o respeito aos direitos das minorias.

Quer dizer que os direitos de minorias encontram fundamento nos direitos humanos, entre eles o direito de participação política, significando que esses grupos não dependem mais da "generosidade" da maioria, como acontecia no passado, a fim de verem reconhecidos seus direitos (KYMLICKA, 2010, p. 223-4).

Assim, os direitos humanos devem ser considerados limites jurídicos ao poder constituinte originário. Mas, diferente de uma concepção metafísica, como as estabelecidas pela doutrina jusnaturalista, devem-se buscar os parâmetros de limitação nas regras positivadas. Significa dizer que tratados internacionais e Constituições anteriores, por exemplo, devem ser observados no momento de atuação do poder constituinte originário. Isso porque esses documentos legislativos refletem a experiência concreta da sociedade no que tange à proteção de direitos humanos.

## 3.7. EFETIVAÇÃO DOS DIREITOS HUMANOS DAS MINORIAS: O DESAFIO DA ATUALIDADE

Os direitos de minorias passam por um processo de reconhecimento tanto em âmbito internacional quanto em âmbito da legislação interna dos Estados, através das respectivas Constituições. A inclusão social das pessoas menos favorecidas começa a ficar mais evidente para toda a sociedade. Nunca se discutiu tanto sobre acessibilidade, ações afirmativas, compensações históricas etc.

Os ordenamentos jurídicos, tanto internacionais quanto internos, passam a se adaptar a essa nova realidade, positivando direitos e garantias às minorias, em busca sempre da inclusão social dessas pessoas, visando à construção de uma sociedade justa e solidária, como quis o poder constituinte brasileiro de 1988, por exemplo.

Em suma, o reconhecimento do direito de inclusão social, hoje, é praticamente pacífico. O grande desafio do século XXI é conferir efetividade às normas que tendem a proteger minorias e promover a inclusão social dos menos favorecidos.

Com efeito, não se pode olvidar que a máxima efetivação dos direitos humanos em cada nação revela o grau de aprimoramento do Estado Democrático de Direito, pois a concretização de faculdades basilares deve estar intimamente ligada às metas institucionais e políticas de cada governo.

Os direitos sociais, por exemplo, via de regra, dependem de uma eficiente e positiva prestação administrativa para o seu exercício, como ocorre com o direito à moradia, à educação, aos serviços médicos e hospitalares; direitos tais que o cidadão, individualmente, não seria capaz de concretizar.

É claro que, nesse ponto, inúmeros percalços surgem, especialmente aqueles relacionados a problemas políticos e de gestão, como por exemplo a insuficiência de recursos econômicos para a realização destes fins, de sorte que se pode condicionar, sem dúvidas, a efetivação de tais direitos à reserva do possível.

De outro lado, a efetivação de direitos que exigem a prestação estatal pode depender, também, de uma complementação normativa, sendo, aqui, essencial o papel do legislador para a realização de uma integração legislativa necessária à real defesa da Constituição.

Nesse ponto, também o papel do Estado, muitas vezes, mostra-se deficitário, uma vez que nem sempre o Poder Legislativo supre integralmente, por meio de sua atividade legiferante, todos os casos que necessitam de sua atuação para a efetivação de direitos fundamentais, gerando inúmeras lacunas existentes no âmbito legislativo que obstaculizam a prática de tais direitos.

Diante disso, faz-se necessária uma atuação mais acirrada do Poder Judiciário, no sentido de fazer valer as prerrogativas constitucionalmente asseguradas, em uma posição de legítimo garantidor de sua fruição, através da garantia de sua imediata exigibilidade em juízo.

Com efeito, diante da inércia do legislador, o papel do Judiciário se evidencia cada vez mais relevante, de maneira especial no que diz respeito aos direitos fundamentais das minorias, por se tratar de grupos hipossuficientes, cujos integrantes podem depender ainda mais da consecução de suas prerrogativas constitucionais, a fim de facilitar a integração desses grupos minoritários no meio social.

Além disso, insta afirmar que, em algumas situações, a falta de legislação supridora dos direitos das minorias pode trazer-lhes ainda mais prejuízos, em face da necessidade de dar-lhes uma efetivação mais célere. A busca em juízo, nesses casos, de meios judiciais ordinários para a reversão da omissão legislativa, como o ajuizamento de ação de inconstitucionalidade por omissão ou o mandado de injunção, podem não consistir em resolução de máxima efetividade para esses grupos.

Cabe ao Judiciário, assim, solucionar de forma mais imediata a problemática da eficácia dos direitos humanos a que fazem jus os grupos minoritários, porquanto, ainda que se saiba que tais direitos possuam aplicabilidade direta, resta saber como torná-los efetivos e concretizá-los com sucesso.

A atuação do Judiciário, em referido contexto, além de prezar pelo princípio da dignidade da pessoa humana, em consonância com a isonomia, que não permite que os grupos minoritários sejam tratados do mesmo modo como se tratam aqueles deles não participantes, revela-se indispensável para a realização dos direitos fundamentais .

Ademais, ao exercer essa função, deve o Estado ter como escopo a defesa e a realização dos direitos humanos das minorias que, via de regra, são relegados a segundo plano, em nítida ofensa ao princípio da não discriminação.

Tendo o Estado, seja através de seus administradores, legisladores ou juízes, a consciência da necessidade de sobrelevar a efetivação dos direitos de grupos minoritários, por meio de execução de políticas públicas específicas, elaboração de atos normativos voltados à facilitação da sua concretude, ou tão somente, de oferecimento de meios materiais para a realização pelos próprios integrantes, certamente estes teriam menos dificuldades para fazer valer seus direitos.

Encarar as minorias com as especificidades que as recobrem, e, consequentemente, levando em conta os mais significativos percalços que encontram para assegurar os direitos a elas constitucionalmente previstos, constitui medida insuperável ao respeito do princípio da isonomia, considerado no aspecto de tratar os desiguais na medida da sua desigualdade.

# Fundamentos filosóficos dos direitos de minorias

Os debates sobre limites ao poder constituinte originário costumam confrontar o jusnaturalismo e o positivismo jurídico. Para o jusnaturalismo, a nova Constituição deve observar normas naturais, que seriam superiores.

Para os adeptos do positivismo jurídico, porém, o poder constituinte não deve reconhecer a existência de um direito natural, razão pela qual o detentor do poder de criação de uma nova Constituição não estaria preso a qualquer espécie de limite jurídico.

O tópico principal dessa discussão está na polêmica sobre as relações entre Direito e moral. Para o positivismo jurídico, a moral não deve "corrigir" o Direito, pois é daquela independente.

Serão verificadas, neste capítulo, as diferenças entre o jusnaturalismo e o positivismo jurídico, identificando, principalmente no último, elementos que permitam concluir pela suficiência ou não desta filosofia para a proteção de direitos de minorias.

Mais especificamente, estudaremos se o positivismo jurídico atual permite ou não o estabelecimento de limites jurídicos ao poder constituinte originário, com o objetivo de proteger interesses das minorias.

A bibliografia sobre filosofia do Direito é muito extensa, de modo que foge do escopo deste trabalho detalhar as premissas de cada uma dessas teorias.

## 4.1. Do jusnaturalismo ao positivismo jurídico

Norberto Bobbio (1999, p. 16) aponta que a diferença entre o jusnaturalismo e o positivismo jurídico é discutida desde Aristóteles, que diferenciava essas filosofias através de dois critérios.

Primeiro, pelo critério da eficácia, defendia que o direito natural é universal, sendo aplicável em qualquer lugar, ao passo que o direito positivo vigoraria apenas naquelas sociedades onde é produzido. Segundo, pelo critério da origem, o direito natural não seria produzido pelo homem, enquanto o direito positivo seria fruto da inteligência humana (BOBBIO, 1999, p. 17).

A filosofia jusnaturalista pode ser dividida em duas fases (ALMEIDA; BITTAR, 2001, p. 220).

O jusnaturalismo na Antiguidade, na época de Aristóteles, era centrado em leis divinas. As fontes dessas regras de direito natural eram, em última análise, os deuses, devendo o direito positivo se adequar a essas normas naturais:

> A tarefa de incorporar a lei divina no âmbito da lei humana é o que deve ser realizado pelo Direito. Ressalte-se que se trata de uma tarefa dificílima. Na concepção tomista há uma lei eterna, uma lei natural e uma lei humana. A lei eterna regula toda a ordem cósmica (céu, estrelas, constelações etc.) e a lei natural é decorrente desta lei eterna. Fica claro nas duas concepções, sinteticamente resenhadas anteriormente, que a lei superior (a divina, para Santo Agostinho, e a eterna, para Santo Tomás de Aquino) emana de uma força sobre-humana, qual seja: Deus (ALMEIDA; BITTAR, 2001, p. 221).

A discussão na Antiguidade pode ser percebida ainda na obra do filósofo Sófocles, autor de *Antígona*.[5]

---

5. "Uma das primeiras manifestações escritas de referência ao Direito Natural, pode ser encontrada na tragédia Antígona, de Sófocles. O rei Creonte proíbe sua sobrinha Antígona de sepultar seu irmão Polínice. Esta, contudo, desrespeita a ordem de Creonte e sepulta o irmão, alegando que, acima da ordem positiva do rei, haveria uma outra ordem de natureza eterna e imutável, não escrita." (MOREIRA, 2005, p. 8)

Após, com o Renascimento no, século XV, o jusnaturalismo sofre reformulação, mudando o centro de sua filosofia. Passa-se a considerar o homem como sujeito principal do Direito, substituindo a figura divina. O fundamento do jusnaturalismo passa a ser a razão humana (ALMEIDA; BITTAR, 2001, p. 222).

Com efeito:

> O Direito Natural surge pela primeira vez na história do Direito com os gregos. Desta feita, sua grande contribuição é mostrar a ligação do Direito com as forças da natureza. Na segunda oportunidade que vem à tona, no século XVII, o Direito Natural aparece como reação racionalista à situação teocêntrica na qual o Direito fora colocado durante o medievo. Deus deixa de ser visto como o emanador das normas jurídicas, e a natureza passa a ocupar esse lugar. Ora, como um detalhe: a natureza não dá aos homens esse entendimento; é ele mesmo, por meio do uso da razão, que apreende esse conhecimento e o coloca em prática na sociedade (ALMEIDA; BITTAR, 2001, p. 227).

Há certo misticismo em torno do direito natural, visto que este pressupõe a existência de normas que não dependem da vontade humana. São normas que se encontram na natureza ou na vontade divina. Já o positivismo se traduz na produção de normas pelas sociedades, pelos homens. O Direito, portanto, é visto como produto da inteligência humana.

Não é o caso, aqui, de apresentar detalhadamente as premissas da filosofia jusnaturalista, mas, sim, identificar pontos de diferença entre esta e o positivismo jurídico, de modo que se possa verificar como esses pontos influenciam (ou não) os limites de atuação do poder constituinte originário.

Em vista das diferentes abordagens que se pode conferir ao jusnaturalismo, seja do ponto de vista teocêntrico ou antropocêntrico (mais moderno), pode-se dizer em resumo que esta filosofia condiciona a validade do direito positivo de determinada sociedade a leis pressupostas superiores, que não dependem da vontade humana.

O poder constituinte originário, nessa linha de pensamento, não poderia ser considerado ilimitado. O ordenamento jurídico positivo deve respeitar essas leis superiores. Esses limites não são reconhecidos pelo positivismo, pois este nega a existência do direito natural e quaisquer normas que não sejam fruto da atividade de um legislador.

Norberto Bobbio diferencia as teorias através da explicação dos conceitos de "validade" e "justiça" da norma jurídica. Para o autor, o jusnaturalismo se preocupa mais com a justiça, enquanto o positivismo, mais formalista, com a validade da norma:

> A teoria oposta à jusnaturalista é a doutrina que reduz a justiça à validade. Enquanto para um jusnaturalista clássico tem, ou melhor dizendo, deveria ter, valor de comando só o que é justo, para a doutrina oposta é justo só o que é comandado e pelo fato de ser comandado. Para um jusnaturalista, uma norma não é valida se não é justa; para a teoria oposta, uma norma é justa somente se for válida. Para uns, a justiça é a confirmação da validade, para outros, a validade é a confirmação da justiça. Chamamos esta doutrina de *positivismo jurídico*, embora devamos convir que a maior parte daqueles que são positivistas na filosofia e teóricos e estudiosos do direito positivo (o termo "positivismo" se refere tanto a uns quanto aos outros), nunca sustentaram uma tese tão extremada (BOBBIO, 2001, p. 59).

Atualmente, é difícil sustentar a existência de um verdadeiro conflito entre positivismo e direito natural. Ao que tudo indica, trata-se de debate superado, tendo prevalecido o positivismo jurídico.

Há, no entanto, quem defenda o "ressurgimento" do direito natural, como Michel Villey, que sustenta a necessidade de se atribuir um fundamento suprapositivo ao Direito:

> Não há corrente mais fecunda no século XX que o movimento do *renascimento do direito natural*, contanto que se trata de um autêntico renascimento, acompanhado de um trabalho de filosofia; que tenha em primeiro lugar recuperado a noção de *natureza* integral (VILLEY, 2003, p. 375).

O que ocorre é que, em situações pontuais, o positivismo é contestado e retoma-se o debate sobre a legitimidade de um direito natural.

Tércio Sampaio Ferraz Junior, no entanto, desconsidera a relevância desse debate:

Cumpre mencionar uma última dicotomia que, de propósito, não havíamos incluído entre as grandes dicotomias dogmáticas. Referimo-nos a *direito positivo* e *direito natural*. Não o fizemos, não por algum preconceito positivista (enquanto doutrina que *nega* a existência do direito natural), mas porque se trata, no universo da ciência jurídica atual, de uma dicotomia operacionalmente enfraquecida (FERRAZ JÚNIOR, 1994, p. 70).

Essa dicotomia é discutida em situações limítrofes, principalmente quando da criação de uma nova Constituição, através do poder constituinte originário.

Mais especificamente, pode-se sustentar que direitos naturais são invocados para a defesa de uma determinada situação, seja para manter uma Constituição "benéfica" ou substituir um regime jurídico "ruim":

> Os sofistas foram os primeiros a estabelecer não só a distinção como também a oposição entre direito natural e direito positivo e agora vemos a face revolucionária da ideia de direito natural. É interessante observar que, através dos tempos, ideias de direito natural serão expostas ora com uma ou outra face: às vezes se invoca o direito natural para manter o *status quo*, às vezes para postular a alteração da ordem vigente (STEUDEL, 2007, p. 45).

Em contraposição, costuma-se sustentar que o positivismo jurídico não reconhece a existência do direito natural e que, por isso, o poder constituinte originário, inaugural que é, teria amplitude jurídica máxima, não havendo que respeitar qualquer norma anterior.

Assim, a crítica dirigida ao positivismo diz respeito ao seu suposto fracasso em evitar a produção de Constituições formalmente válidas que não respeitariam direitos humanos, por exemplo.

À frente, as características das teses "clássicas" da filosofia juspositivista serão estudadas e se verificarão quais destas podem ser consideradas superadas pelos próprios positivistas. Dessa forma, poderemos concluir se realmente o positivismo jurídico defende a ilimitação do poder constituinte de hoje.

## 4.2. Paradoxo do momento constituinte na visão positivista

O positivismo jurídico surgiu como uma alternativa racional ao direito natural, expressando uma valorização da razão em detrimento do misticismo da filosofia praticada no período medieval.

O positivismo estabelece regras para uma apreciação objetiva do Direito, sem influência da moral ou da política. Essas características básicas do positivismo jurídico fazem com que o momento constituinte, isto é, aquele momento da criação de uma nova Constituição, seja através da revolução ou assembleia constituinte, apresente um paradoxo inevitável.

Por um lado, como o positivismo não reconhece como comando jurídico qualquer norma que não seja produto da atividade do legislador, o poder constituinte teria por fundamento um poder de fato, não jurídico. Isto é, inexistiria qualquer norma prévia para servir de limite à atuação do legislador constituinte. Quer dizer que seria possível concluir que não há nada mais "não jurídico" do que o momento constituinte. Por outro, esse poder de fato, supostamente não jurídico, seria o responsável pelo início de todo um novo ordenamento jurídico, rompendo com a ordem jurídica anterior. Nessa ótica, pode-se dizer que não há nada mais essencialmente jurídico que o momento constituinte.

Assim, o poder constituinte originário detém, ao mesmo tempo, características de um poder de fato, pois não decorreria de nenhuma norma de direito anterior; e jurídico, porque seria o responsável pela criação de toda uma nova estrutura jurídica.

Esse paradoxo nos conduz à discussão sobre a amplitude do poder constituinte originário, persistindo a dúvida sobre a natureza de seus limites, isto é, se estes são de fato ou jurídicos.

## 4.3. Positivismo jurídico e poder constituinte

### 4.3.1. Mitos sobre o positivismo: poder constituinte e direitos fundamentais

Dimitri Dimoulis (2006, p. 45) aponta os mitos que giram em torno da filosofia do positivismo jurídico. O autor explica que hoje há uma corrente de estudiosos que se autodenomina "pós-positivista", que acusa o positivismo de ser ultrapassado e irracional, responsável pela manutenção de regimes antidemocráticos que não respeitam os direitos humanos.

Tais críticas se dariam em razão de o positivismo jurídico supostamente não respeitar valores superiores, oferecendo a chance da criação de normas contrárias aos direitos humanos e à democracia, desde que formalmente válidas.

Mais especificamente, os equívocos que Dimitri Dimoulis (2006, p. 57) aponta entre esses estudiosos são as acusações de: aplicação mecânica da lei; legitimação incondicional do Direito e incoerência interna. Em relação a esta última, a incoerência se daria porque até mesmo os positivistas admitiriam a validade de certas teses do direito natural, o que seria indício de fracasso do positivismo.

De certa forma, para os críticos do positivismo jurídico inicialmente concebido, este não estaria totalmente livre das influências advindas do direito natural, de sorte que a pureza da teoria juspositivista se encontraria maculada, por representar um indício da presença de elementos jusnaturalistas na teoria do direito positivo.

Além disso, afirmam que, uma vez sendo a lei formalmente legítima, independente de seu conteúdo material, ela poderia ser imediatamente aplicada, mesmo não guardando relação com alguns direitos humanos.

Entre as principais críticas direcionadas ao positivismo jurídico está o suposto fato de que essa teoria teria legitimado o nazismo, que foi exemplo de desrespeito aos direitos humanos, especialmente aos direitos de minorias. Para o positivismo jurídico o poder constituinte originário seria ilimitado, não devendo observar qualquer condição, podendo inclusive contrariar normas anteriores de direitos humanos. Quer dizer também que os direitos de minorias não seriam protegidos adequadamente por esta teoria.

Dimitri Dimoulis combate esses mitos, esclarecendo que uma teoria do Direito que define regras sobre a validade de normas não seria suficiente para estabelecer um regime político dessa espécie.

Norbert Hoerster também rechaça as acusações contra o positivismo jurídico, defendendo sua manutenção na atualidade:

> *Desde hace por lo menos cincuenta años en la filosofía jurídica alemana es casi de buen tono rechazar y hasta condenar el positivismo jurídico. En lo que sigue quisiera intentar mostrar que, con categorías racionales y que más bien se basa primordialmente en malentendidos y prejuicios. Los más importantes de estos malentendidos y prejuicios pueden ser atribuidos al hecho de que a los representantes del positivismo jurídico se les imputa una concepción extremadamente genérica de la esencia del derecho. De esta manera, no tienen en cuenta que, al atribuirles a los iuspositivistas esta concepción genérica sobre la esencia del derecho, se les atribuye, en verdad, toda una serie de tesis muy diferentes que son las que luego integran esta concepción genérica. A menudo no se toma en cuenta que aquí se trata de tesis que no sólo son diferentes sino también lógicamente independientes las unas de las otras* (HOERSTER, 2000, p. 9).

A visão formal do Direito, de acordo com o positivismo jurídico, faz que este seja taxado de acrítico, admitindo todo direito que se mostrar produzido de acordo com regras formais, em que pese admitir Dimitri Dimoulis a influência da moral na produção de uma nova ordem constitucional, inauguradora de uma nova etapa política.

Isto posto, quer dizer que o positivismo não seria adequado para a proteção de direitos fundamentais, por se ligar mais à "forma" do que ao "conteúdo" do Direito.

Desta feita, o poder constituinte, para o positivismo, seria um momento meramente formal de criação de uma nova ordem jurídica, oportunidade em que o legislador constitucional não teria que respeitar qualquer espécie de limite.

O autor defende a legitimidade atual do positivismo jurídico, apresentando cinco teses "clássicas" desta filosofia, que merecem ser analisadas separadamente, pois são independentes. Após, demonstra quais destas são sustentáveis e quais estão superadas.

As cinco premissas identificadas pelo autor são as teses: da lei, da neutralidade, da subsunção, do subjetivismo e do legalismo (HOERSTER, 2000, p. 11).

A tese da lei prega que somente a lei formal pode criar normas de observância obrigatória na sociedade, excluindo normas de direito consuetudinário ou conteúdos de jurisprudências, o que limitaria muito a atuação do intérprete.

A tese da neutralidade, a principal do positivismo jurídico, diz respeito, em suma, à separação do direito da moral, isto é, o conceito de Direito é definido através de critérios puramente formais, neutros em relação ao seu conteúdo. Esta tese será melhor desenvolvida no tópico seguinte.

A tese da subsunção define que o Direito deve ser aplicado independentemente de valorações, configurando uma espécie de "aplicação automática" da lei, o que também limitaria a atividade do hermeneuta.

A tese do subjetivismo afirma que as normas jurídicas são de natureza subjetiva, isto é, não existem normas suprapositivas objetivamente válidas. Quer dizer que as normas jurídicas são produzidas de acordo com a necessidade da sociedade, não existindo normas morais superiores de observância obrigatória.

A tese do legalismo, sem dúvida a mais criticada, define que o direito posto deve ser obedecido em todas as circunstâncias, independente de seu conteúdo.

Hoerster (2000, p. 15) defende a independência lógica destas cinco teses, esclarecendo que o positivista jurídico da atualidade sustenta a aceitação, apenas, das teses da neutralidade e do subjetivismo.

Segundo o autor, o positivismo jurídico geralmente é atacado em razão das teses superadas, que não são mais sustentadas por positivistas contemporâneos.

### 4.3.2. Tese principal: separação entre Direito e moral

A tese da separação entre o Direito e a moral é a que prevalece como principal entre os positivistas. Ainda que determinado positivista reconheça a influência da moral sobre o Direito, este é estudado de maneira independente daquela:

> Isso indica que ser positivista no âmbito jurídico significa escolher como exclusivo objeto de estudo o direito que é posto por uma autoridade e, em virtude disso, possui validade (direito positivo). Independentemente de influências recebidas por abordagens positivistas nas ciências e na filosofia, o positivismo jurídico se relaciona causalmente com o processo histórico de derrota do direito natural e a substituição das normas de origem religiosa pelas leis estatais nas sociedades europeias da Idade Moderna, fenômeno esse que foi analisado como "surgimento da *positividade* do direito" (DIMOULIS, 2006, p. 68).

Dessa maneira, o "positivismo jurídico (PJ) é uma teoria explicativa do fenômeno jurídico, isto é, uma das possíveis, historicamente presentes e atualmente defendidas teorias do Direito" (DIMOULIS, 2006, p. 66).

O positivismo jurídico confere muita importância à tese da neutralidade, pois oferece uma definição de Direito materialmente neutra, sem nenhum tipo de valoração. Desse modo, o conceito de Direito fica mais restrito do ponto de vista de seu conteúdo, com independência da moral e outros fatores (HOERSTER, 2000, p. 20).

A característica da neutralidade pode ser verificada logo no início da obra *Teoria Pura do Direito*, de Hans Kelsen, um dos mais importantes positivistas do século XX, ao lado de Herbert Hart, segundo Norbert Hoerster (2000) e Dimitri Dimoulis (2006):

> A Teoria Pura do Direito é uma teoria do direito positivo – do direito positivo em geral, não de uma ordem jurídica especial. É teoria geral do Direito, não interpretação de particulares normas jurídicas, nacionais ou internacionais. Contudo, fornece uma teoria de interpretação. Como teoria, quer única e exclusivamente conhecer o seu próprio objeto. Procura responder a esta questão: o que é e como é o Direito? Mas já não lhe importa a questão de saber como deve ser o Direito, ou como deve ele ser feito. É ciência jurídica e não política do Direito. Quando a si própria se designa como "pura" teoria do Direito, isto significa que ela se propõe garantir um conhecimento apenas dirigido ao Direito e excluir deste conhecimento tudo quanto não pertença ao seu objeto, tudo quanto não se possa, rigorosamente, determinar como Direito. Quer isto dizer que ela pretende libertar a ciência jurídica de todos os elementos que lhe são estranhos. Esse é o seu princípio metodológico fundamental (KELSEN, 1998, p. 1).

É preciso esclarecer, no entanto, que a separação entre Direito e moral não implica desconsideração total desta última, visto que o filósofo pode reconhecer também a existência de princípios morais universais. Essa influência da moral, no entanto, não prejudica a tese da separação:

> O juspositivista pode considerar que certas normas são imprescindíveis em qualquer sociedade humana, como ocorre com a teoria de Hart sobre o "conteúdo do mínimo de direito natural" dos sistemas jurídicos (capítulo IV, 2.4). Pode também defender posicionamentos morais pessoais. Pode, finalmente, reivindicar, como cidadão, a inclusão de normas que considera moralmente adequadas ou criticar certas normas como disfuncionais ou injustas. Tais posturas são possíveis, mas não afetam a tese da separação que decorre de uma opção teórica e não da inexistência ou da volatilidade da moral (DIMOULIS, 2006, p. 169).

Por isso, o positivismo jurídico é produto da vontade de seus defensores de transformar o estudo do Direito em algo científico, com a "avaloratividade" como característica principal (BOBBIO, 1995, p. 135).

Isso não quer dizer, todavia, que o positivista negue qualquer influência da moral sobre o Direito. Com efeito, o legislador frequentemente leva em consideração valores morais ao criar normas jurídicas. Quer dizer que há uma "conexão genética" entre moral e Direito (DIMOULIS, 2006, p. 172).

Tanto é que há correntes positivistas que consideram que a moral deve possuir relação necessária com o Direito. De acordo com a importância conferida à moral, Dimitri Dimoulis (2006) classifica as correntes positivistas em positivismo *lato sensu* e positivismo *strictu sensu*.

O positivismo *lato sensu* nega a existência de um direito natural, fonte de normas não criadas pelos homens. No entanto, os positivistas dessa espécie adotam o moralismo jurídico, uma teoria do Direito que defende a estreita e necessária relação entre Direito e moral sem, contudo, situarem-se no jusnaturalismo (DIMOULIS, 2006, p. 86).

Sendo assim, a validade do Direito pode ser questionada através de uma análise moral, de forma que "[...] o Direito formalmente válido pode e deve ser corrigido por obra de seu intérprete/aplicador, no intuito de conformá-lo às exigências da moral" (DIMOULIS, 2006, p. 89).

Já o positivismo jurídico *stricto sensu* "[...] adota uma tese contrária à jusmoralista: considera que há plena e radical separação entre Direito e moral" (DIMOULIS, 2006, p. 99).

Adotar a tese da separação entre Direito e moral, portanto, não significa aplicar acriticamente qualquer dispositivo legal. Tal afirmação está mais relacionada com a tese do legalismo, rechaçada pelos positivistas contemporâneos, conforme já citado .

Com efeito, ainda que o positivista analise a validade da norma com independência de seu conteúdo, não significa que este defenda a aplicação automática de leis injustas.

Dimitri Dimoulis (2006, p. 267) sustenta que, apesar de o positivismo jurídico considerar válidas normas antidemocráticas ou injustas, os positivistas não determinam que estas devam ser automaticamente respeitadas.

Nobert Hoerster tem a mesma opinião:

> *El hecho de que determinada norma sea – hablando moralmente – "injusta" no elimina su carácter jurídico. Pero ningún iuspositivista moderno e ilustrado sostiene, en el sentido de la tesis del legalismo, que todo derecho injusto, por el mero hecho de haber sido sancionado por el Estado bajo la forma de ley y ser derecho vigente, merece ser obedecido por sus destinatarios* (HOERSTER, 2000, p. 19).

Talvez a grande falha do positivismo jurídico esteja na sua deficiência em realizar um controle de legitimidade do direito, relacionando-o com democracia e cidadania. Esse controle não é realizado porque o positivismo não o entende como uma questão jurídica.

Principalmente em relação à proteção de direitos de minorias, este controle de legitimidade se faz necessário. Com efeito, a maioria teria o poder para controlar a validade da norma. Mas se uma norma válida, apesar de aprovada e estar de acordo com o posicionamento da maioria se opuser a interesses de grupos minoritários no sentido de negar-lhes direitos humanos, como ocorreu no regime nazista, o positivismo jurídico não seria suficiente para defender os referidos interesses.

Este é um problema de aplicação do Direito. A teoria pura do Direito de Kelsen, conforme já aduzido, tem o mérito de definir o Direito com independência de conteúdos morais ou políticos, o que é benéfico do ponto de vista científico.

Mas essa teoria diz muito pouco sobre a aplicação do Direito. Em que pese podermos realmente reconhecer que nos dias de hoje o positivismo não prega mais a tese do legalismo, isto é, aquele positivismo legalista acrítico, com aplicação automática da lei, sem qualquer valoração, a teoria juspositivista pouco diz a respeito da interpretação do Direito.

Mais especificamente, reconhecem que normas injustas válidas não devem ser observadas, mas ao mesmo tempo, em sede de aplicação, através do exercício da hermenêutica, não demonstram o caminho para a não aplicação dessas normas injustas. Isto porque, do ponto de vista da validade, o positivismo jurídico não considera uma norma como "direito" e ao mesmo tempo "não direito" (HOERSTER, 2000, p. 18).

Não obstante, pelo que até agora se expôs, não se pode dizer que o positivismo jurídico reconheça a amplitude jurídica máxima do poder constituinte originário.

Com efeito, como já se disse, existe uma conexão genética entre Direito e moral de modo que não se nega a influência desta, tanto na criação quanto na aplicação do Direito.

Mais do que isso, o juspositivismo não determina que uma nova Constituição parta do "zero", isto é, que não respeite normas jurídicas (positivas) anteriores a ela.

Por meio do poder constituinte originário uma sociedade tem a chance de realizar reformas jurídicas e políticas mais profundas. No entanto, não se pode concluir pelo estudo da teoria juspositivista que o detentor do poder constituinte originário não deva observar normas jurídicas anteriores, também positivas e válidas, em sua atuação.

Bons parâmetros seriam normas constitucionais anteriores, e tratados internacionais assinados que versem sobre direitos humanos. É possível compatibilizar a filosofia positivista com a existência de limites jurídicos ao poder constituinte originário, tomando como parâmetro normas anteriores também positivas e válidas.

É importante observar que a adoção desses parâmetros não implica contradição com a teoria juspositivista. Aliás, pelo contrário, neste raciocínio o positivismo é reforçado. Com efeito, pressupõe-se que a aprovação anterior de tais normas seguiu as regras ditadas pelo Direito anterior, que se sustentou também na teoria do positivo jurídico, bem como foram criadas por representantes legítimos do povo, inclusive das minorias.

Assim, verificado o preenchimento dos requisitos formais para a criação dessas normas e a existência de consenso social sobre elas, devendo este abranger não só a vontade da "maioria", mas também dos grupos minoritários, a nova Constituição seria limitada por parâmetros traçados pelo próprio positivismo jurídico, de forma que inexistiria incompatibilidade deste com a tese da limitação jurídica do poder constituinte originário.

## 4.4. POSITIVISMO JURÍDICO EM DEFESA DE DIREITOS DE MINORIAS

Para o positivismo jurídico *stricto sensu*, "[...] é impossível ter um Direito válido sem referência a fatos sociais relacionados com a sua eficácia social, isto é, sem que o Direito seja, grosso modo, respeitado pelos seus destinatários" (DIMOULIS, 2006, p 122).

Como já sustentado, há diversas correntes positivistas. Estas divergem quanto aos fatos sociais que definem o Direito (DIMOULIS, 2006, p. 132). Há várias hipóteses de origem do Direito, segundo esses positivistas (vontade do legislador, vontade do aplicador, eficácia social das normas, reconhecimento ou consenso dos cidadãos, existência de uma norma suprema que fundamenta a existência das demais normas jurídicas).

Observou-se que o positivismo, em suma, exclui a influência obrigatória da moral na criação e interpretação das normas jurídicas, devendo o Direito ser analisado de modo cientificamente independente.

O ato de criar normas jurídicas pode até ser influenciado pela moral, mas isto não a torna fonte jurídica de direitos. Da mesma forma, o intérprete não estaria autorizado a "substituir" a moral escolhida pelo poder constituinte originário por aquela que entende ser a mais relevante. Ele deve refletir se o positivismo jurídico moderno é suficiente para a proteção de minorias.

O positivismo jurídico não se preocupa com o "dever ser" do Direito, segundo Kelsen (2000, p. 1), mas, sim, é uma teoria sobre a validade do

Direito. Isso, no entanto, não permite que se conclua, automaticamente, que o positivismo prega que o poder constituinte deve ser ilimitado.

Apesar das críticas direcionadas a essa filosofia, é possível identificar na opinião dos seus adeptos, elementos que indicam o positivismo jurídico como importante instrumento para a proteção de grupos minoritários.

Com efeito, o próprio Kelsen revela que a condição de validade de uma norma jurídica é sua eficácia, que decorre do consenso:

> Porém, uma norma jurídica deixará de ser considerada válida quando permanece duradouramente ineficaz. A eficácia é, nesta medida, condição da vigência, visto ao estabelecimento de uma norma se ter de seguir a sua eficácia para que ela não perca a sua vigência (KELSEN, 2000, p. 12).

O consenso como condição de eficácia da norma jurídica não pode ser entendido de modo desvinculado de valores democráticos que, na atualidade, implica reconhecimento de direitos de minorias.

É importante verificar que Hart (*apud*, DIMOULIS, 2006, p. 183) defende a tese da existência de limites que condicionem a validade do Direito. Entre os requisitos mínimos a serem observados pelo legislador estão a tutela da vida, mecanismos de consenso social (exercício de democracia), limitações à liberdade e proteção da propriedade (DIMOULIS, 2006, p. 182).

Para Hart:

> [...] normas que correspondem a esses objetivos devem integrar o sistema jurídico independentemente da vontade dos legisladores. O autor justifica essas regras antropologicamente, inspirando-se na visão de Hobbes sobre a organização social. O raciocínio é o seguinte: diante da compleição dos seres humanos e das necessidades do convívio nas sociedades historicamente conhecidas, a falta dessas regras destruiria a ordem social. Além disso, a experiência indica que as regras em questão sempre se encontram nos sistemas jurídicos, demonstrando que a liberdade do legislador é limitada (DIMOULIS, 2006, p. 182).

Norberto Bobbio apresenta o positivismo como um mecanismo contra regimes totalitários:

> A ideologia jurídica do nazismo era, por outro lado, nitidamente contrária ao princípio juspositivista, segundo o qual o juiz deve decidir exclusivamente com base na lei, sustentando, ao contrário, que o juiz devia decidir com base no interesse político do Estado (em particular, em oposição ao princípio *nullum crimen, nullum poena sine lege*, a ideologia nazista sustentava que deveriam ser considerados como delitos todos os atos contrários ao "são sentimento popular" – *gesundes Volksempfinden* – mesmo se não previstos como crimes pela lei). Acrescente-se que, especialmente na Itália, o *princípio de legalidade* – segundo o qual o direito deve fundar-se na lei, isto é, em normas gerais abstratas e não em comandos individuais, princípio que já o pensamento grego considerava como próprio da democracia, definida exatamente como governo de leis em contraposição ao governo de homens – é reivindicado pelos juspositivistas (por exemplo, por Calamandrei) não para sustentar o fascismo, mas para opor um obstáculo às suas arbitrariedades (BOBBIO, 1999, p. 236).

Hoerster tem a mesma opinião:

> *Naturalmente, la obligatoriedad moral del derecho – cualquiera que sea la moral que uno acepte – depende del respectivo contenido de este derecho. El iuspositivista no ve ninguna contradicción en la afirmación de que las leyes racistas sudafricanas son, por razones formales, derecho vigente en Sudáfrica pero que, debido a su violación sustancial de ciertas exigencias morales de la justicia y de los derechos humanos, deben ser rechazadas y no obedecidas* (HOERSTER, 2000, p. 17).

Verifica-se, portanto, mesmo entre os positivistas modernos, que não se pratica mais, na atualidade, a "positividade acrítica", isto é, as normas jurídicas não devem ser automaticamente aplicadas por terem observado o rito formal do processo legislativo.

Deve existir a necessária correspondência entre os fatos sociais e o Direito, bem como entre este e a proteção de direitos humanos, aí incluídos os direitos de participação social e democracia que fundamentam a proteção especial de minorias.

Dimitri Dimoulis, no entanto, apesar de não negar a existência de certos valores, declarados em documentos internacionais e observados pelos legisladores nacionais, não reconhece estes como limites jurídicos:

> Consideramos que a tentativa de impor limites jurídicos ao poder constituinte é de cunho idealista e retórico, não resistindo à primeira revolução política, conservadora ou progressista. A busca de uma fundamentação primeira e absoluta enfrenta as aporias de todas as teologias positivas, sendo impossível recorrer sempre a uma garantia superior. Mas isso não significa que inexistam hoje valores morais predominantes em âmbito supranacional e adotados pelos legisladores nacionais (DIMOULIS, 2006, p. 191).

É possível, contudo, verificar em Kelsen, segundo análise de Dimitri Dimoulis, a existência de limites à amplitude do poder de criação de normas, inclusive constitucionais.

Dimoulis (2006, p. 119-20) explica que a eficácia social da norma é importante para que ela seja considerada válida, o que exclui, pelo menos na atualidade, a existência de autores defensores de um positivismo acrítico.

Significa dizer que o primeiro limite identificado é a correspondência da norma jurídica com a realidade social, devendo aquela ter fundamento no consenso dos jurisdicionados.

Esse consenso, que decorre da democracia, implica a observância da vontade de minorias, uma vez que estas também devem ser consideradas "povo", detendo, assim, parcela do poder constituinte originário.

O segundo limite ao poder de criação de normas jurídicas pode ser verificado também a partir da comparação de vários sistemas jurídicos. Com efeito, Dimoulis observa que: "[...] Kelsen sugere a comparação dos vários sistemas normativos que, eventualmente, coexistam no mesmo período e território" (DIMOULIS, 2006, p. 120). Explica, como exemplo, as normas elaboradas por uma entidade religiosa. Pode-se citar, como outro exemplo, o costume, que também é fonte de criação de normas sociais.

Nessa linha de raciocínio, podemos nos valer de sistemas jurídicos anteriores e do direito internacional, destes extraindo normas e princípios democráticos, como a proteção de minorias, que devem orientar a atuação do poder constituinte.

Não se pode conceber que direitos de minorias, o direito à participação democrática, distribuição de riquezas, reconhecimento etc.; estejam ligados unicamente à moral e, por isso, situados fora do campo jurídico. Caso contrário, deveríamos concluir que o positivismo jurídico fracassa na proteção de direitos fundamentais como um todo. Isso porque, nessa hipótese, o positivismo não se comprometeria com a eficácia social da norma criada.

Parece mais coerente situar as normas e princípios de proteção de minorias no próprio campo jurídico. Isto é, são direitos, principalmente nos dias atuais, que estão sendo reconhecidos por diversos ordenamentos jurídicos, inclusive o internacional. Dessa forma seria mais adequado classificá-los como jurídicos e não meramente morais. Exemplo disso está na já existência de normas protetivas destes direitos em tratados internacionais, que devem ser seguidas, no seu sentido jurídico, e não apenas moral.

Nesse sentido, Walter Claudius Rothenburg defende como um dos limites jurídicos ao poder constituinte os direitos humanos básicos, esclarecendo, inclusive, que o reconhecimento destes se configura requisito necessário para que um Estado seja admitido na ordem internacional:

> Outro limite seria o respeito aos *direitos humanos consensualmente admitidos como básicos*, o que não deixa de ser paradoxal: o poder constituinte originário seria a instância por excelência para fixar os direitos humanos mas, ao mesmo tempo, não poderia desconhecê-los. O direito internacional oferece, e cada vez mais, pautas obrigatórias à admissão de um Estado na comunidade internacional (regime democrático, respeito aos direitos humanos, preocupação ecológica, comportamento comercial e financeiro) [...] (ROTHENBURG, 2010, p. 73-4).

A necessidade de se reconhecer esses limites como jurídicos decorre do próprio positivismo jurídico, visto que a validade desses parâmetros de limitação é constatada a partir das próprias regras de direito positivo que foram observadas para a sua criação, conforme já sustentado anteriormente.

Assim, poder-se-ia concluir que as normas que versam sobre a proteção de minorias constituem limites jurídicos que devem ser respeitados pelo poder constituinte originário, sem que isso seja incompatível com as premissas da teoria juspositivista.

## 4.5. Positivismo e limites jurídicos ao poder constituinte originário

O debate sobre a "justiça" e a "validade" da norma frequentemente traz à tona a eterna discussão sobre a vinculação entre moral e Direito. Ressalte-se, nesse ponto, que a moral, quase sempre, não se afasta da criação do Direito, conforme reconhecem alguns positivistas.

Não quer dizer, no entanto, que hoje a teoria do direito natural deva orientar a criação e a interpretação do Direito, operando a exclusão do positivismo jurídico. O positivismo jurídico parece ser o mais adequado às necessidades atuais das sociedades modernas por conter premissas teóricas mais científicas sobre o que deve ser entendido pelo conceito de Direito.

Essa discussão sobre Direito e moral, no entanto, resvala na teoria do poder constituinte, na qual há a polêmica sobre a amplitude de sua limitação jurídica.

Nada obstante, nem mesmo o positivismo jurídico, em sua versão mais moderna, nega a influência da moral no Direito. Com efeito, a "conexão genética" entre o Direito e a moral é inegável. Certamente, não existe ordenamento jurídico que não tenha recebido influência da moral na sua criação.

O que o positivismo jurídico abomina é a "correção" da norma pela moral a ser realizada pelo intérprete, no caso concreto. Ou seja, o positivismo não admite que o intérprete altere a moral inicialmente escolhida pelo legislador por outra que achar mais conveniente.

Daí se extrai que é preconceituosa a afirmação de que o positivismo jurídico nega a existência de valores morais na criação do Direito. Mais uma vez, há de se ressaltar a sua conexão com o processo criativo de novas normas, que precisam, em grau de maior importância, adquirir legitimidade mediante a positivação de fatos socialmente relevantes para ter eficácia no contexto social.

A ocorrência de limites jurídicos se evidencia no fato de este poder ser responsável pelo nascedouro de um novo ordenamento eminentemente jurídico, devendo este observar determinadas normas jurídicas anteriores que expressem a vontade das minorias e o respeito aos seus direitos. Isso não implica contradição com a teoria juspositivista, pois esses parâmetros de limitação teriam por base as próprias regras do positivismo jurídico.

O positivismo jurídico, tomando como base as lições de Kelsen em sua teoria pura do Direito, confere a validade da norma independentemente de seu conteúdo. Não quer dizer, no entanto, que o positivista pregue a aplicação automática de leis "injustas", apesar de válidas.

O problema se encontra na seara da aplicação e interpretação do Direito, onde a teoria juspositivista parece ser incompleta.

Assim, um controle de legitimidade de normas constitucionais originárias, em sede de aplicação e interpretação de Direito, deve ser capaz de extinguir normas constitucionais validamente criadas que não respeitem direitos humanos e valores democráticos.

A legitimidade implica a observância dos requisitos de consenso e eficácia social, não só da maioria, mas também dos mais diversos grupos minoritários, uma vez que todas essas pessoas, em conjunto, integram o conceito de povo, titularizando parcelas do poder constituinte.

Somente o estudo individualizado de cada sociedade, através de sua história jurídica e social, pode nos trazer o conhecimento de qual o conteúdo mínimo a ser respeitado. Por isso, é sempre importante realizar uma contínua avaliação entre o ordenamento em vigor e a interpretação e aplicação do seu texto pela sociedade.

Nada obstante, é possível identificar uma região de intersecção, na qual os Estados, ao menos as sociedades que aderiram a um regime democrático, parecem respeitar um conteúdo mínimo de direitos humanos, que foram adquiridos historicamente em seu contexto social.

Não se trata, aqui, de defender a posição mística do direito natural, segundo a qual, em uma de suas vertentes, entende que o poder divino é a fonte geradora de direitos humanos fundamentais.

Esse núcleo mínimo de direitos fundamentais deve ter fundamento na própria história da humanidade, que reconheceu, por exemplo, a total falta de legitimidade da escravatura, diante dos consagrados direitos de igualdade e liberdade.

Na atualidade, é difícil encontrar, mesmo entre os frequentemente criticados positivistas, teoria do Direito que autorize a aplicação automática de normas postas que flagrantemente desrespeitem direitos humanos fundamentais. Verifica-se que grandes representantes do positivismo moderno estabelecem a necessidade da "eficácia social" e "consenso" como requisitos de validade da norma jurídica.

Esses requisitos, é bom repisar, não se caracterizam unicamente pelo atendimento de critérios formais ou procedimentais. Certos valores e o conteúdo histórico, que devem sempre ser pautados em princípios democráticos, necessitam ser observados pelo poder constituinte. E é exatamente o que o positivismo jurídico contemporâneo defende.

Esses valores podem nos orientar a reconhecer a existência de limites jurídicos ao poder constituinte originário. Como exemplo, pode-se citar as normas e princípios existentes em ordenamentos jurídicos anteriores e também no internacional.

Por todo o exposto, é possível compatibilizar o positivismo jurídico com o reconhecimento da existência de limites jurídicos ao poder constituinte originário.

# 5

# TEORIA DO PODER CONSTITUINTE E DIREITOS DE MINORIAS

Não é muito extensa, na doutrina brasileira, a bibliografia sobre a teoria do poder constituinte. Mais especificamente, são raras as obras que tratam de limitações de ordem jurídica ao poder constituinte originário.[6]

Nos manuais clássicos de direito constitucional,[7] que são as primeiras obras pelas quais os estudantes têm contato com a matéria, há a definição do poder constituinte como ilimitado juridicamente, capaz de alterar inteiramente a ordem jurídica anterior, sem necessariamente obedecer a qualquer tipo de limite jurídico.

Conforme tratado em capítulo anterior, a discussão sobre a ilimitação jurídica do poder constituinte coloca em contraposição o positivismo jurídico e o jusnaturalismo. Verificou-se que se costuma atribuir ao positivismo jurídico a característica de ilimitação jurídica e que, por isso, este é acusado de favorecer o estabelecimento e a manutenção de regimes jurídicos totalitários.

Neste capítulo, propõe-se o exame da teoria clássica do poder constituinte, através da análise de suas características e da evolução histórica do tema, por meio da leitura dessa teoria considerando os direitos de minorias.

---

6. Manoel Gonçalves Ferreira Filho (2005) também critica a pouca quantidade de estudos brasileiros sobre a teoria do poder constituinte.
7. Levando-se em conta os ensinamentos encontrados nos principais manuais nacionais de Direito Constitucional. Exemplos: MORAES (1999), FERREIRA FILHO (1999), ARAUJO e NUNES JÚNIOR (2005).

## 5.1. O PODER CONSTITUINTE E SUA TEORIA

### 5.1.1. Antecedentes históricos

Para Paulo Bonavides (2008, p. 141):

> Poder constituinte sempre houve em toda sociedade política. Uma teorização desse poder para legitimá-lo, numa de suas formas ou variantes, só veio a existir desde o século XVIII, por obra da sua reflexão iluminista, da filosofia do contrato social, do pensamento mecanicista anti-historicista e antiautoritário do racionalismo francês, com sua concepção de sociedade.

Assim, verifica-se que o poder constituinte não surgiu junto com sua teoria. Na verdade, como está sempre ligado à ideia do estabelecimento de uma ordem jurídica e da organização de uma sociedade, é correto dizer que existe desde o início da vida do homem em grupo. Neste sentido:

> A ideia da existência de um poder que estabelece a Constituição, ou seja, que estabelece a organização fundamental de um Estado, distinto dos estabelecidos pela Constituição, não obstante encontre raízes remotas na Antiguidade, surge tão só no século XVIII, associada à ideia de Constituição escrita (FERREIRA FILHO, 1999b, p. 3).

Assim, desde os primórdios da história do homem, mais especificamente do surgimento das primeiras civilizações, o poder constituinte esteve presente, estabelecendo as regras fundamentais da organização de uma determinada sociedade e justificando a origem do detentor do poder.

Sua teoria, porém, passa a ser reconhecida a partir do século XVIII, com o trabalho de Emmanuel Joseph Sieyès (2001) em seu panfleto *O que é o Terceiro Estado?*, publicado às vésperas da revolução francesa, como uma tentativa de fundamentar a inserção do Terceiro Estado na participação das decisões fundamentais do governo.

Antes disso, porém, Manoel Gonçalves Ferreira Filho identifica alguns subsídios históricos que demonstram os esforços dos estudiosos para justificar a origem do poder e do próprio direito.

Com efeito, já na Antiguidade se percebia a diferença entre as leis que fixavam a estrutura de governo e outras produzidas pelo próprio governo. Tal distinção, nos dias atuais, dar-se-ia pelos conceitos de lei constitucional e lei ordinária (FERREIRA FILHO, 1999b, p. 3).

Apesar disso, não existia ainda a noção de que tais normas instituidoras do governo eram produto da atividade de um poder especial, hoje chamado de poder constituinte.

Na França, existia a doutrina das leis fundamentais do Reino, que, segundo Manoel Gonçalves Ferreira Filho (1999b, p. 5), foi o início de estudos que contribuíram para a criação de uma teoria do poder constituinte. Os estudiosos da época reconheciam a superioridade de certas normas, que superariam até mesmo o monarca, só podendo sofrer alterações através de um procedimento especial: a convocação dos Estados Gerais da França. Percebe-se o surgimento da ideia de rigidez constitucional.

Todavia, ainda faltava para esta doutrina a definição ou o reconhecimento de um poder especial que estabeleceria estas normas superiores regedoras do governo e da vida dos jurisdicionados.

Após, vieram as doutrinas pactistas, ou contratualistas, que fundam a origem do poder no acordo dos governados. Referida linha de pensamento teve seu auge com as ideias de Rousseau.

Com efeito, a doutrina contratualista é a última antes da produção da teoria do poder constituinte, tendo esta recebido significativa contribuição e influência daquela.

As teorias contratualistas têm como característica principal a tese de que a sociedade deve ser entendida como um pacto entre todas as pessoas que a compõem. A maioria das teorias não pregava que este acordo era firmado expressamente entre todos os homens. Ou seja, não se defendia que houve, de fato, uma reunião ou Assembleia Geral que opinou pela formação da sociedade.

Mas o substrato básico das teorias contratualistas é justamente a existência de um contrato livre e consentido, ainda que tacitamente, entre todos os homens, muito embora cada uma dessas teorias aponte divergências quanto ao real motivo e necessidade das pessoas que culminaram na vontade de se viver em grupo (FERREIRA FILHO, 1999b, p. 7).

Já Hobbes se valeu da teoria contratualista para justificar o poder do próprio monarca. Outro contratualista de destaque foi John Locke, que elaborou sua teoria a partir do *Bill of Rights*, surgido após a revolução, na Inglaterra.

Porém, de "[...] todas as doutrinas do contrato social, é a de Rousseau, sem dúvida, que está mais próxima da doutrina do poder constituinte. Para ele, a sociedade deve ser compreendida como se se estruturasse por meio de um pacto" (FERREIRA FILHO, 1999b, p. 8).

No pensamento de Rousseau, o contrato social, ao mesmo tempo em que estrutura a sociedade, cria o governo, comando da vontade geral.

## 5.1.2. O panfleto de Sieyès

A obra de Sieyès (2001), *O que é o Terceiro Estado?*, é apontada como a responsável pela origem da teoria do poder constituinte da maneira como é ensinada nos dias de hoje. Como já foi abordado anteriormente, é fato que o poder constituinte sempre existiu, a novidade de Sieyès foi apresentar elementos para a estruturação de uma teoria com características próprias.

Para entender a obra de Sieyès, são necessários breves apontamentos acerca do contexto histórico no qual foi editada.

A França vivia uma crise institucional. A maioria da população, composta pelo Terceiro Estado, já não tolerava os privilégios concedidos ao Primeiro e Segundo Estados (clero e nobreza). A revolução na América, com a independência dos Estados Unidos e a promulgação de sua Constituição, também contribuiu para o surgimento de novos ideais e pensamentos na França (COSTA; MELLO, 1999, p. 143-5).

A teoria de Sieyès surge em razão da reivindicação de uma nova Constituição, época em que os franceses foram convidados a apresentar ideias. O livro pregava igualdade de direitos entre o Terceiro Estado e as demais classes. Os representantes do Terceiro Estado se declaram legítimos e instauram uma Assembleia Nacional, com ou sem a presença das outras duas classes. A Assembleia Nacional assume o compromisso de elaborar uma Constituição para a sociedade francesa.

Assim, buscava-se uma verdadeira legitimação do poder, a participação efetiva de todos nas decisões de governo. Na França, em épocas de grave crise institucional, geralmente o rei realizava a convocação dos chamados Estados Gerais, o que já não ocorria há muitos anos.

A Convocação dos Estados Gerais se traduzia na reunião dos representantes de cada uma das três classes sociais existentes na França e era composto por representantes do clero, da nobreza e do povo (Terceiro Estado) (COSTA; MELLO, 1999, p. 146).

Todavia, o voto era por classe (nobreza, clero e o "povo"), vale dizer que cada representante tinha direito a um voto. Esta representação, portanto, não era proporcional. Desta feita, os interesses do povo nunca eram alcançados, visto que figurava como minoria diante da estreita relação existente entre clero e nobreza.

Mesmo o chamado representante do Terceiro Estado não figurava como um representante legítimo, visto que na maioria das vezes era algum cidadão que gozava de alguns privilégios, segundo Sieyès (2001, p. 9).

A obra de Sieyès é lançada na França, às vésperas da Revolução Francesa, e buscou mais do que fundamentar os anseios do Terceiro Estado, classe social que representava todos aqueles que não pertenciam às duas classes privilegiadas. Os principais interessados, que compunham o Terceiro Estado, eram os comerciantes, que formavam a burguesia.

Assim, Sieyès propõe a convocação dos Estados Gerais, que é a reunião dos representantes das classes sociais, para convocação da Assembleia Nacional, que instituiria uma nova Constituição, que seria legitimamente uma representação da vontade geral (COSTA; MELLO, 1999, p. 146).

Através da Assembleia Nacional, propunha o fim dos privilégios concedidos, e uma representação igualitária no poder. Para tanto, desenvolve os elementos que são a base da teoria do poder constituinte, discorrendo acerca do poder de convocar uma nova Constituição, a legitimidade do poder, sua titularidade, características e limites.

Propunha, assim, fundamentar a origem do poder e a própria legitimidade do poder jurídico. Estabelece como pedra angular em seu panfleto que todo o poder deve partir da "nação" (SIEYÈS, 2001, p. 69).

Para Paulo Bonavides, os conceitos de povo e nação ganham relevo com a teoria do poder constituinte. Com efeito:

> Sem o poder constituinte, essas duas categorias modernas do pensamento político não teriam vingado: o povo e a nação. Ambas nascem atadas a uma versão nova de soberania contida no esquema do poder constituinte. A teoria do poder constituinte só se faz inteligível à luz de considerações sobre o problema da legitimidade, cujo debate ela necessariamente provoca, porquanto emergiu de uma distinta concepção de autoridade governativa; uma concepção em que a titularidade do poder era deferida exclusivamente e por inteiro à Nação, única legítima para postular obediência ou estabelecer comando na sociedade (BONAVIDES, 2008, p. 143).

Assim, para Sieyès, a nação é a única verdadeira detentora do poder. Todo poder que não partisse dela ou que fosse contra sua vontade seria ilegítimo. Neste sentido, traça toda a característica do poder instaurador da ordem jurídica, que ficou conhecido como poder constituinte.

Por isso, para Paulo Bonavides, a teoria do poder constituinte deve refletir a legitimidade do poder:

> [...] a teoria do poder constituinte é basicamente uma teoria da legitimidade do poder. Surge quando uma nova forma de poder, contida nos conceitos de soberania nacional e soberania popular, faz sua aparição histórica e revolucionária em fins do século XVIII (BONAVIDES, 2008, p. 141).

Como já defendido anteriormente, o conceito de povo deve abranger as minorias. Quer dizer que uma parcela do poder constituinte é de titularidade dos grupos minoritários, de forma que a Assembleia Constituinte deve refletir também os anseios dessas pessoas.

Nesse sentido, é possível identificar já em Sieyès a preocupação com certas minorias, devendo estas integrar o conceito por ele desenvolvido de "nação", titular do poder constituinte:

> A nação, depurada, poderá se consolar, penso eu, de se ver reduzida a acreditar que só é composta de descendentes de gauleses e romanos. Na verdade, se trata de distinguir nascimento de nascimento. Não poderiam revelar a nossos pobres concidadãos que aquele que descende dos gauleses e dos romanos vale ao menos tanto quanto aquele que se origina dos sicambros, dos vândalos e outros selvagens vindos dos bosques e das dunas da antiga Germânia? Sim, poderia ser respondido. Mas a conquista desordenou todas as relações e a nobreza de nascimento passou para o lado dos conquistadores. Pois é preciso repassá-la ao outro lado. O Terceiro Estado voltará a ser nobre, tornando-se por sua vez conquistador. Entretanto, se tudo se encontra misturado nas raças, se o sangue dos francos que, separado, vale tanto quanto o dos outros, corre junto com o dos gauleses, se os ancestrais do Terceiro Estado são os pais de toda a nação, não é possível se esperar que cesse este longo parricídio que uma classe se orgulha de cometer cotidianamente contra as outras? (SIEYÈS, 2001, p. 8).

## 5.2. Conceitos e espécies de poder constituinte

O poder constituinte está relacionado com o próprio surgimento do direito. Com efeito, é o poder que instaura uma nova ordem jurídica em uma determinada sociedade. Pode-se dizer, portanto, que o poder constituinte é aquele que dá início a um "novo direito" em uma sociedade.

A teoria do poder constituinte justamente surge com o objetivo de combater o misticismo do poder do monarca, devendo o poder se fundamentar no racionalismo humano (BONAVIDES, 2008, p. 141).

De início, verifica-se a definição de duas espécies de poder constituinte: o originário e o derivado. O primeiro é o poder constituinte por excelência, instaurador de uma nova ordem constitucional.

Já o poder constituinte derivado é aquele que encontra limites no poder constituinte originário e sofre a seguinte subdivisão: poder constituinte derivado reformador e poder constituinte derivado decorrente. Assim, o poder constituinte derivado é um poder constituído, devendo obedecer às regras impostas pelo poder originário, seu criador.

O poder constituinte reformador, em linhas gerais, manifesta-se através da possibilidade de se alterar o texto constitucional, respeitados os limites estabelecidos pelo poder constituinte originário. Já o poder constituinte decorrente é a possibilidade que se dá aos Estados-membros da federação organizar suas próprias Constituições, também encontrando limites na Constituição Federal, trabalho do poder constituinte originário.

A distinção é mais bem explicada por Paulo Bonavides (2008), que diferencia as duas espécies de poder constituinte, explicando tratar-se o poder constituinte originário de um poder político, enquanto o poder constituinte derivado se expressa no conceito jurídico de poder constituinte.

## 5.2.1. O conceito político de poder constituinte

O poder constituinte originário é o poder constituinte por excelência, aquele responsável pela criação do direito. A natureza deste poder é controvertida na doutrina. Ferreira Filho (1999b) entende como um poder não jurídico, um poder político.

Carl Schmitt entende que o poder constituinte originário expressa a decisão política fundamental:

> Poder Constituinte é a vontade política cuja força ou autoridade é capaz de adotar a concreta decisão de conjunto sobre modo e forma da própria existência política, determinando assim a existência da unidade política como um todo. Das decisões dessa vontade deriva a validade de toda a ulterior regulação legal-constitucional (SCHMITT, 1996, p. 86).[8]

Schmitt ainda esclarece que a decisão política é qualitativamente distinta das normas legais-constitucionais estabelecidas sobre sua base. Isto é, o texto constitucional não é sinônimo de decisão fundamental. É, na verdade, o produto desta decisão.

Paulo Bonavides (2008, p. 146) esclarece que o poder constituinte, no aspecto político, é o próprio poder constituinte originário. Isto é, o poder instaurador da nova ordem jurídica. Utiliza a expressão "extra-jurídico" para qualificar este conceito de poder constituinte.

O autor aponta a controvérsia da doutrina neste ponto. Há duas correntes básicas: *a)* a que entende o poder constituinte originário como um poder de fato, desvinculado de qualquer valor; e *b)* autores que associam a teoria do poder constituinte a um princípio de legitimidade, ou seja, pautado em certos princípios.

O autor esclarece que os que se filiam à primeira posição entendem que o problema é irrelevante, pois o poder constituinte originário transcende o direito positivo e, por isso, o poder inicial assenta sua legitimidade em si mesmo e não em seu titular (BONAVIDES, 2008, p. 146).

---

8. Tradução livre do autor.

Explica também a segunda posição que entende o poder constituinte como um poder de fato, porém preso a determinados princípios de legitimidade. Ou seja, esses princípios ou valores são interligados ao "fato" (BONAVIDES, 2008, p. 147).

Paulo Bonavides defende a importância de se considerar a legitimidade como princípio da instauração de uma nova ordem jurídica, sustentando que:

> Foi precisamente uma profunda análise racional da legitimidade do poder, contida nas reflexões do contrato social, que fez brotar a teoria do poder constituinte. Quem diz poder constituinte está a dizer já legitimidade desse poder, segundo esta ou aquela ideia básica perfilhada, numa opção de crenças ou princípios (BONAVIDES, 2008, p. 147).

Neste ponto, Sieyès (2001), segundo Ferreira Filho, é claro em definir que o titular do poder constituinte é a nação:

> O aspecto fundamental do pensamento de Sieyès, nesse ponto, é a distinção entre nação e povo. Povo, para ele é o conjunto dos indivíduos, é um mero coletivo, uma reunião de indivíduos que estão sujeitos a um poder. Ao passo que a nação é mais do que isso, porque a nação é a encarnação de uma comunidade em sua permanência, nos seus interesses constantes, interesses que eventualmente não se confundem nem se reduzem aos interesses dos indivíduos que a compõem em determinado instante (FERREIRA FILHO, 1999b, p. 23).

Já sobre a titularidade do poder constituinte, Sieyès entende que:

> Quem ousaria assim dizer que o Terceiro Estado não tem em si tudo o que é preciso para formar uma nação completa? Ele é o homem forte e robusto que está ainda com um braço preso. Se se suprimisse as ordens privilegiadas, isso não diminuiria em nada à nação; pelo contrário, lhe acrescentaria. Assim, o que é o Terceiro Estado? Tudo, mas um tudo entravado e oprimido (SIEYÈS, 2001, p. 3).

No mais, trata-se de um poder acima de todos os poderes. Vale dizer, que o poder criador de uma nova Constituição não se confunde com nenhum dos poderes constituídos: Executivo, Legislativo e Judiciário.

## 5.2.1.1. Características do poder constituinte originário

O poder constituinte originário possui três adjetivos principais: inicial, incondicionado e ilimitado.

Para Sieyès, o poder constituinte é inicial, visto que instaura uma nova ordem jurídica, rompendo com o paradigma constitucional anteriormente traçado. Trata-se do surgimento de um novo Direito.

Em razão de seu caráter inicial, é também incondicionado, já que não é obrigado a se manifestar de forma prefixada, notadamente os procedimentos fixados pelo direito anterior. Sua atuação é livre, não dependendo de forma específica.

Quanto à titularidade, há praticamente consenso que seu titular é o povo, segundo Manoel Gonçalves Ferreira Filho (1999b, p. 30).

O exercício do poder, no entanto, não é feito diretamente pelo povo, mas, sim, por seus representantes. Assim:

> O reconhecimento de que o povo é o titular do Poder Constituinte pouco esclarece quanto ao exercício deste mesmo poder. Quer dizer, o povo pode ser reconhecido como o titular do Poder Constituinte, mas não é jamais quem o exerce. É ele um titular passivo, ao qual se imputa uma vontade constituinte sempre manifestada por uma elite. A edição de uma Constituição provém sempre de um grupo que em lugar do povo propõe uma organização do poder político. Tal grupo se põe como agente do Poder Constituinte e é assim o titular ativo deste poder naquela manifestação. Esta elite – é certo – pode ter recebido delegação do povo para estabelecer a Constituição. Será composta, então, de "representantes extraordinários" dele, para usar a expressão de Sieyès. Ou pode auto-imputar-se tal qualidade, como frequentemente ocorre nas revoluções (FERREIRA FILHO, 1999b, p. 31-2).

Sieyès sustenta ainda que o poder constituinte originário é um poder permanente:

> Salienta Sieyès, entretanto, que o Poder Constituinte não desaparece com sua obra realizada. Ela permanece depois dela. É isso o

que se chama permanência do Poder Constituinte. A nação não fica submetida à Constituição que ela estabeleceu, pelo seu Poder Constituinte. Só os poderes constituídos por ela é que ficam submetidos à Constituição. Decorre disso que a nação pode mudar a Constituição sempre que bem lhe parecer. O estabelecimento de uma Constituição não esgota o Poder Constituinte da nação. Ela pode, sempre, refazer a Constituição, estabelecer uma nova Constituição (FERREIRA FILHO, 1999b, p. 13-4).

### 5.2.1.2. Limitações jurídicas ao poder constituinte originário

Sieyès explica que a nação tem a faculdade de instaurar uma nova ordem jurídica, que deve ser um poder constituinte ilimitado, devendo respeitar tão somente os limites impostos pelo direito natural.

Como se pode verificar, desde Sieyès se reconhece a existência de limites ao poder constituinte originário, ainda que calcados no direito natural. Com a estruturação da teoria do positivismo jurídico, passou-se a acreditar na inexistência de limites jurídicos ao poder constituinte, conforme já foi tratado em capítulo anterior.

Maurício Antonio Ribeiro Lopes aponta na teoria do poder constituinte proposta por Sieyès, que o poder inaugural tanto pode ser utilizado para o "bem", quanto para o "mal". Sieyès, ao estabelecer a ilimitação do poder constituinte originário apenas a teria visualizado em um regime que respeitasse a democracia. Com efeito:

> A ideia inicial lançada por Sieyés, no sentido apontado pela expressão "de qualquer maneira que nação queira, basta que queria; todas as formas são boas e suas vontade é sempre suprema" estava a serviço apenas de uma concepção democrática associada com a teoria jusnaturalista dos direitos dos homens; mas pode também servir para alimentar uma concepção diversa, de uma ordem radicalmente oposta em sua inspiração e em seus fins. Na verdade não se pode negar que

Sieyés teve uma visão exageradamente otimista do homem ao pretender a ilimitação dos poderes iniciais da formação do Estado e das leis (LOPES, 1993, p. 53-4).

Já Edvaldo Brito, ao discorrer sobre a natureza do poder constituinte, revela a controvérsia de este ser ou não ser um poder de fato ou jurídico. O autor se posiciona a favor de ser este um poder jurídico, responsável pela estruturação de um direito:

> A primeira questão, por conseguinte, a resolver envolve as afirmações que definem o poder constituinte ora como *mero fato*, ora como *poder jurídico*. Seria mero *fato* porque o poder constituinte operaria no mundo pré-jurídico; *fato* porque estaria no campo político-social; *fato*, porque não poderia ser poder jurídico, uma vez que, operando, como dito nas linhas anteriores, não estaria no meio do Direito, desde quando ele precederia a formação do Direito. Aqui manifestamos discordância a este entendimento porque, admitida a convenção institucional, nos termos em que este trabalho vem mencionando, o poder constituinte tem de estar no meio jurídico, sob pena de carência de legitimidade das regras que estabelece que serão até passíveis da censura daqueles a quem incumbe encontrá-las compatíveis com os valores fundamentais antes referidos, se elas não estiverem conforme estes valores (BRITO, 1993, p. 71-2).

A importância de situar o poder constituinte no campo jurídico é fundamental para que se possa reconhecer a existência de limites (jurídicos) à sua atuação.

Edvaldo Brito, apesar de discorrer mais especificamente sobre os limites das alterações constitucionais, via emenda constitucional ou revisão, apresenta uma breve diferença entre o poder constituinte originário e o derivado.

Apresenta o poder constituinte originário como potência, ou seja, "[...] é origem, é causa, por isso, é titular de prerrogativas, ou seja, tem atribuições próprias" (BRITO, 1993, p. 76). Ao passo que o poder constituinte derivado é *competência*, criada pelo poder inaugural para alteração da Constituição jurídica.

Esse autor reconhece que mesmo o poder constituinte originário, que é potência, não pode ser considerado ilimitado:

> Consequentemente, mesmo o poder constituinte, que é *potência*, tem limites, sejam os ditados pela soberania popular no momento da escolha dos seus representantes, manifestando a sua ideologia ou durante a atividade constituinte, acompanhando-a com a sua participação; sejam os que, na linha dessa ideologia, cause a integração de normas do direito internacional [...] (BRITO, 1993, p. 89).

Assim, não é possível mais se sustentar acriticamente a inexistência de limites ao poder de criação de uma nova Constituição. E esses limites devem ser considerados jurídicos.

Com efeito, não se deve ignorar totalmente constituições, leis e tratados internacionais, em vigor no regime jurídico pretérito, protetores de direitos humanos e também de direitos de minorias. Tais documentos jurídicos revelam parâmetros de limitação material ao poder constituinte originário, demonstrando a experiência histórica e o consenso do povo, no que diz respeito ao reconhecimento e proteção destes direitos.

Tais parâmetros de limitação, conforme já argumentado, não contrariam a teoria do positivismo jurídico, uma vez que essas normas são produzidas em consonância com as regras ditadas pelo próprio positivismo, ainda que feitas no regime jurídico anterior.

### 5.2.2. O conceito jurídico de poder constituinte

Outra espécie de poder constituinte é o poder constituinte derivado. Trata-se de fruto do poder constituinte originário e está inserido no próprio texto constitucional (BONAVIDES, 2008, p. 149).

Desta feita, trata-se de espécie de poder limitado, pois encontra limites na vontade soberana inicial. É também um poder constituído, pois é criado pelo poder constituinte originário.

Por ser um poder jurídico e inserido no texto constitucional, necessita de órgãos representativos da vontade popular para ser deflagrado. Em razão disto, o autor entende que o poder constituinte derivado sempre está pautado no Direito, ao contrário do poder constituinte originário que, em regra, surge de revoluções e golpes de Estado. Em suma, o poder constituinte derivado é um poder jurídico, ao passo que o poder constituinte originário é extrajurídico (BONAVIDES, 2008, p. 150).

Sobre o momento de expressão de cada uma das espécies de poder constituinte:

> Um se manifesta em ocasiões de relativa normalidade e paz, sempre abraçado aos preceitos jurídicos vigentes; o outro, ao contrário, chega na crista das Revoluções e Golpes de Estado e se exercita quase sempre sobre as ruínas de uma ordem jurídica esmagada (BONAVIDES, 2008, p. 150).

Justamente por se assentar na legalidade, por ser mais coerente com os ditames do Estado Democrático de Direito, Paulo Bonavides entende que, em regra, mesmo quando a sociedade produz uma nova Constituição, quem se manifesta é o poder constituinte derivado. Cita, nesse ponto, dispositivo relevante da Constituição francesa de 1791, contemporânea ao surgimento da teoria do poder constituinte, que reza em seu art. 1º do Título VII que "a nação tem o direito de mudar de Constituição", sendo que essa mudança deveria ser feita "segundo os meios previstos na própria Constituição" (BONAVIDES, 2008, p. 151).

Assim, mesmo quando há a criação de uma nova Constituição, o titular do poder constituinte deverá observar os ditames do direito anterior. Significa dizer que não será ilimitado, inicial ou autônomo de maneira absoluta.

Segundo o autor, a atuação do poder constituinte originário, que entende como um poder de fato, extrajurídico, somente seria exercitado excepcionalmente, por meio das revoluções e golpes de Estado (BONAVIDES, 2008, p. 151).

Todavia, o autor reconhece tratar-se de tema polêmico, longe de ser consenso na doutrina:

Ocorre porém que nem todos os constitucionalistas entendem assim a versão jurídica o poder constituinte constituído. Inumeráveis são aqueles que preferem reduzir-lhe consideravelmente o âmbito, de sorte que a esse poder incumbiria tão somente a tarefa da reforma parcial da Constituição, nunca a feitura de um novo estatuto básico, ato eminentemente político, privativo de um poder constituinte originário a mover-se desatado por inteiro de preceitos jurídicos antecedentes. Esse poder constituinte constituído se exerceria dentro de limitações tácitas e expressas, que lhe restringiriam bastante a esfera de ação inovadora, ao mesmo passo que um de seus característicos mais patentes seria o de figurar num quadro jurídico de rigidez e formalismo, penhor de estabilidade da Constituição mesma e de sua respectiva ordem normativa (BONAVIDES, 2008, p. 151).

Manoel Gonçalves Ferreira Filho, contrariando a posição de Paulo Bonavides, estabelece diferenças nos campos de atuação de cada espécie de poder constituinte:

> Em primeiro lugar, o Poder Constituinte originário é um poder inicial; ele cria a ordem jurídica, não é criado pela ordem jurídica. É o contrário do que se dá com o Poder Constituinte derivado, que é criado pela ordem jurídica. O Poder Constituinte originário é dito ilimitado, ou autônomo, ou soberano, conforme preferência doutrinária. O Poder Constituinte originário é incondicionado, porque pode manifestar-se dos mais diferentes modos, ou, por outras palavras, não tem um modo prefixado de manifestação. O Poder Constituinte instituído ou derivado tem um modo especial de manifestação, que é o modo previsto na Constituição (FERREIRA FILHO, 1999b, p. 113).

Assim, Ferreira Filho entende o poder constituinte derivado como um poder jurídico por essência, ao contrário do poder constituinte originário, que aponta como um poder político, que está fora do que é jurídico. Denomina esse poder ainda como "poder constituinte instituído."

Há duas espécies de poder constituinte derivado: decorrente e reformador.

O poder constituinte derivado decorrente é a capacidade de cada estado membro da federação desenvolver sua própria Constituição.

Já o poder reformador se traduz na possibilidade de alteração das normas constitucionais originalmente estabelecidas pelo poder constituinte originário, através de procedimentos legislativos previstos na própria Constituição.[9]

### 5.2.2.1. Características do poder constituinte derivado

O poder constituinte derivado possui características bem distintas das do poder constituinte originário. Com efeito, trata-se de um poder decorrente, condicionado e limitado.

É um poder decorrente porque surge de outro, o poder originário. É criado ou instituído pelo poder constituinte originário.

Por condicionado, deve-se entender que, para se manifestar, deve respeitar sempre as disposições estabelecidas pelo poder constituinte originário, sob pena de inconstitucionalidade formal.

É ainda um poder limitado, porque encontra limites materiais na atuação do poder originário, estabelecidos no texto da Constituição, sob pena de inconstitucionalidade material.

## 5.3. O PODER CONSTITUINTE E A FUNÇÃO DA CONSTITUIÇÃO: PROTEÇÃO DE DIREITOS

Em poucas palavras, a função da Constituição é proteger direitos fundamentais e estabelecer a estrutura do Estado, limitando o seu poder. Por isso, muitas Constituições são rígidas em vários sistemas jurídicos mundo afora.

---

9. A existência do poder constituinte derivado reformador só faz sentido em ordenamentos jurídicos que adotem constituição rígida, ou seja, onde exista um procedimento legislativo mais solene para alteração das normas constitucionais, visto que, no caso das Constituições flexíveis, o próprio poder legislativo poderia alterar livremente a Carta Magna.

Verifica-se nos dias atuais a tendência de se "constitucionalizar direitos", isto é, tornar constitucional uma série de direitos com o fito de conferir-lhes maior eficácia e proteção. Esta tendência ganha relevo no direito constitucional moderno, especialmente com relação a direitos fundamentais individuais e coletivos.

Se o desejo da sociedade é conferir maior eficácia aos direitos humanos que, inclusive, frequentemente estão se tornando objetos de tratados internacionais, utilizando mecanismos de proteção contra a atuação do Poder Legislativo, não parece coerente permitir que o poder constituinte originário atue de forma ilimitada.

Em outras palavras, enquanto a Constituição somente pode ser alterada através de um procedimento legislativo mais solene, que é o processo legislativo da Emenda Constitucional, qual o sentido de inserir direitos no texto constitucional, já que a Constituição pode ser exterminada a qualquer momento, sem que sejam respeitados os limites ou condições impostas ao poder constituinte derivado?

Vale dizer que o problema encerra uma grave contradição, visto que, em última análise, o poder constituinte de reforma pode vir a ser mais rigoroso do que a maneira de expressão do poder constituinte originário.

Isto é, adotando como correta a apresentação clássica da teoria do poder constituinte, juridicamente, é muito mais fácil convocar uma assembleia constituinte, que poderá alterar por inteiro o texto constitucional, sem respeitar qualquer limite, do que alterar a Constituição através de Emendas Constitucionais, que devem seguir processo legislativo rigoroso e respeitar limites materiais.

Assim, verifica-se também que a tendência moderna de concretização de direitos através da constitucionalização não se compatibiliza com os ditames da leitura tradicional a que se dá à teoria clássica do poder constituinte.

É necessária, portanto, uma construção doutrinária que defina o papel do poder constituinte na atualidade, tendo em vista as mudanças ocorridas no constitucionalismo contemporâneo, em especial a concretização de direitos difusos e coletivos e o reconhecimento de direitos humanos, através de tratados internacionais.

Parece claro que a teoria do poder constituinte, bem como as teorias do jusnaturalismo e positivismo foram importantíssimas para revolucionar a teoria constitucional. Forneceram, ademais, subsídios para a construção do direito constitucional contemporâneo.

No entanto, as características do poder constituinte, em especial as do originário, devem sofrer adaptações, tendo em vista o constitucionalismo contemporâneo. Não se pode ignorar, por exemplo, o movimento de constitucionalização de direitos, que objetiva justamente tornar mais eficaz e protegida determinada gama de direitos.

Ora, de que adianta constitucionalizar direitos, ou seja, colocá-los em um texto supremo, que não pode sofrer as incidências da legislação ordinária, somente podendo ser modificada através de procedimento legislativo mais rigoroso, se a própria Constituição pode ser substituída por outra a qualquer momento, que não se curvará aos direitos protegidos no direito anterior?

Ademais, não se deve esquecer o motivo que levou Sieyès a estruturar a teoria do poder constituinte. Trata-se de teoria que buscou justamente limitar o poder absolutista do monarca.

Além disso, nas primeiras teorias que antecederam a publicação de Sieyès, já se aferia a preocupação de se limitar o poder constituinte originário. Neste sentido, dispõe Manoel Gonçalves:

> Essas colocações são também intimamente ligadas com a doutrina das leis fundamentais do Reino, mencionadas anteriormente, ou seja, por aquela doutrina segundo a qual existiriam certas regras superiores à vontade do próprio monarca. Ocorre, porém, que na doutrina das leis fundamentais do Reino já aparece a ideia da possível modificação dessas leis; mas modificação com a participação daqueles que estão sujeitos ao poder, os governados, enfim, o povo. Conforme alguns seguidores dessa doutrina, os Estados Gerais, a Assembleia dos Três

Estados, Clero, Nobreza e Povo, poderiam alteras as leis fundamentais do Reino. Não se encontra, na verdade, no período que vai até o século XIX, a afirmativa de que o monarca podia alterar livremente as instituições e a organização do próprio Estado. Isto, sem dúvida, foi feito muitas vezes, mas jamais se formulou a doutrina correspondente (FERREIRA FILHO, 1999b, p. 29).

Ademais, deve-se ressaltar, ainda, que a teoria do poder constituinte é contemporânea à Declaração dos Direitos dos Homens e do Cidadão, que previa a limitação do poder constituinte, estabelecendo que o Estado que não respeita o direito dos homens não tem Constituição:

> O art. 16 da "Declaração dos Direitos do Homem" de 1789, por exemplo, dá um conceito polêmico de Constituição, porque à ideia de Constituição associa não só a de texto escrito, como também, mais ainda, a ideia de que a verdadeira Constituição deve estabelecer a garantia dos direitos do homem e a divisão de poderes à moda de Montesquieu, a separação de poderes, como instrumento para essa garantia (FERREIRA FILHO, 1999b, p. 9).

Desta feita, parece claro que a teoria da Constituição está relacionada ao reconhecimento de direitos humanos, de forma que nenhuma Carta Magna pode ignorá-los.

Da mesma forma, os direitos de minorias não podem ser ignorados. Na atualidade, as minorias devem ser reconhecidas como titulares de parcela do poder constituinte.

Portanto, faz-se necessária uma nova leitura da teoria constitucional, principalmente da origem e fundamento do poder, visando adaptar as características do poder constituinte ao pensamento jurídico contemporâneo que, já há muito tempo, não admite abusos de poder e preza pela garantia de direitos.

# 6

# UMA RELEITURA DA TEORIA DO PODER CONSTITUINTE ATRAVÉS DA PROTEÇÃO DE MINORIAS

Observa-se no mundo um movimento cada vez mais crescente e acelerado em direção à afirmação dos direitos humanos dos mais fracos, mais especificamente das pessoas pertencentes a grupos vulneráveis, como idosos, mulheres, portadora de deficiência, pessoas de diferentes etnias e outros.

Nas manifestações jurídicas que objetivam a proteção dos mais fracos está implícita (e muitas vezes explícita) a ideia de inclusão social. Busca-se satisfazer uma certa compensação social a pessoas em situação de vulnerabilidade que foram (e são) discriminadas.

Para compreender esse fenômeno no mundo jurídico, faz-se necessária a análise de certos institutos, que passaram a receber uma nova leitura em face desse movimento em prol da proteção de minorias.

Neste capítulo, propõe-se a análise desses institutos na visão dos direitos das pessoas que fazem parte de grupos vulneráveis, também chamados de minorias.

Assim, pretende-se verificar como (e por que) o princípio da igualdade, as ações afirmativas, o poder constituinte e a democracia expressam a vontade de realizar a inclusão social de minorias.

Propõe-se, ainda, a análise das Constituições da América do Sul para verificar o reflexo desse movimento no poder constituinte desta parte do mundo.

## 6.1. Princípio da igualdade e a proteção de grupos vulneráveis: uma relação necessária

O princípio jurídico tem a função de oferecer um vetor a ser respeitado pelo legislador e aplicador do Direito. Com efeito:

> [...] os princípios têm função normativa. Sendo normas jurídicas, podem ser concretizados e geram direitos subjetivos. Têm, ao lado das regras, função normativa. Em segundo lugar, havendo uma lacuna jurídica, esta pode ser suprida com a utilização dos princípios. Encontramos aqui uma clara função integrativa em face das omissões legislativas. Finalmente, em terceiro lugar, têm função interpretativa, ou seja, condicionam a atividade do intérprete. Nenhuma interpretação pode ser efetivada sem que se leve em conta os princípios jurídicos (FAZOLI, 2007, p. 18).

Segundo Walter Claudius Rothenburg (1999, p. 13) houve quem não considerasse os princípios como verdadeiros comandos de direitos, mas somente orientações de sentido moral ou político, incapazes de gerarem, por si, normas jurídicas.

Nessa linha de raciocínio, as regras (escritas) seriam mais importantes do que os princípios, pois somente aquelas poderiam ser consideradas efetivamente fontes de direitos, aptas a alterar e influenciar a realidade jurídica.

Sobre a distinção entre normas e princípios:

> As características materiais mencionadas fazem-se acompanhar de uma diferenciação formal (ou distinta forma de apresentação): os princípios são dotados de um elevado grau de abstração o que não

significa impossibilidade de determinação – e, consequentemente, de baixa densidade semântico-normativa (mas podendo ser integrados por meio de interpretação/aplicação, sobremodo através de outras normas e até mesmo em relação a situações específicas, como decisões judiciais e atos administrativos), ao passo que as demais normas (regras) possuem um menor grau de abstração e mais alta densidade normativa (ROTHENBURG, 1999, p. 17-8).

Verifica-se, pois, que o grau de abstração é a característica principal dos princípios. Quer dizer que, não necessariamente, o princípio está vinculado à determinada regra escrita. Os princípios podem ser observados através de uma combinação de regras, ou mesmo a inexistência de regras jurídicas específicas, isto é, através da análise de como a Constituição é aplicada pelos intérpretes. Com efeito, o Direito deve "refletir as aspirações e valores que a sociedade deseja" (TAVARES, 2010, p. 398).

Essa característica abstrata é que permite a aplicação dos princípios constitucionais em situações concretas em que se fizerem necessárias.

É importante lembrar, todavia que essa abstração não significa imprecisão de conteúdo. Afinal, "[...] uma norma pode ser precisa em seu significado, mas genérica em seu alcance" (ROTHENBURG, 1999, p. 19).

Com efeito:

> Desconsiderar que os princípios já carregam um certo e suficiente significado, e sustentar sua insuperável indeterminação, representa desprestigiar sua funcionalidade em termos de vinculação (obrigatoriedade), continuando-se a emprestar-lhe uma feição meramente diretiva, de sugestão, o que não se compadece, absolutamente, com a franca natureza normativa que se lhes deve reconhecer (ROTHENBURG, 1999, p. 22).

Essa característica importante dos princípios é denominada de poliformia, já que permite aplicar soluções a situações onde a norma escrita não existe, ou se existente, não consegue, por si só, resolver o problema do caso concreto (ROTHENBURG, 1999, p. 21).

Em específico, o princípio da igualdade tem fundamental relação com a proteção dos direitos de minorias. A proteção de grupos vulneráveis tem como objetivo principal, em última análise, a prática da igualdade no plano concreto, na vida social.

Verifica-se que o objetivo de toda Constituição é a produção da igualdade material, em contraposição à igualdade meramente formal. Segundo a distinção clássica, a igualdade formal não exige nenhum "fazer" do Estado. Já a igualdade material implica atuação efetiva do Estado, que equalizará as situações no caso concreto. Segundo o clássico ensinamento, significa tratar os iguais de maneira igual e os desiguais de maneira desigual.

Atualmente, observa-se o cuidado do legislador constituinte moderno em reproduzir expressamente o princípio da igualdade ao criar uma nova Constituição.

Essa necessidade é consequência da realidade social: as pessoas não são iguais.

É certo que a igualdade "[...] não é encontrada espontaneamente na sociedade, a despeito da natureza comum (biológica e moral, física e espiritual) de todo ser humano" (ROTHENBURG, 2009, p. 347).

Pontes de Miranda afirma:

> O que os povos democráticos ou em que o Estado é democrático e liberal têm de fazer, como fim principal, é diminuir a desigualdade humana. Os Homens são desiguais, mas é preciso que, em vez de continuar a desigualdade, se façam menos desiguais (PONTES DE MIRANDA, 1979, p. 607).

Por isso, a razão de existir do princípio da igualdade é o combate à discriminação. Especialmente à discriminação dos mais fracos, diante de situações que os coloquem em posição de injusta desvantagem na vida social.

Assim, a igualdade "[...] é algo que precisa ser obtido a partir de reivindicações e conquistas, e para tanto o Direito pode servir de valiosa ferramenta" (ROTHENBURG, 2009, p. 346).

Em razão da importância que a sociedade vem conferindo aos direitos de minorias, o princípio da igualdade tem sofrido transformação em seu conteúdo, adotando novos significados diante das necessidades dos tempos modernos.

Observa-se principalmente a difusão do conteúdo do princípio da igualdade por todo o texto constitucional. Essa prática pode ser facilmente constatada pela análise da Constituição Federal brasileira, por exemplo, que apresenta o princípio da igualdade em diversas passagens.

A igualdade "[...] estaria presente de forma difusa em diversas partes do texto constitucional – mas de forma especial no âmbito do art. 3º. E seus incisos, como objetivo de toda a ordem jurídica constitucional" (ARAÚJO, 2009, p. 117).

José Carlos Evangelista de Araújo chama a atenção para o fato de que o princípio da igualdade sempre pautou a legitimação do poder político-estatal no ocidente. Segundo o autor, existe uma "teoria normativa da justiça como igualdade" (ARAÚJO, 2009, p. 15).

Isto é:

> [...] os elementos gerais de uma teoria normativa da justiça como igualdade já podiam ser notados e apontados na antiguidade, foram-se tornando muito mais evidentes e decisivos com o surgimento e a evolução do chamado "Estado moderno" – percebido como um processo histórico no qual se manifestaram, sucessivamente, diversas concepções jurídico-políticas (ARAÚJO, 2009, p. 15).

O princípio da igualdade, assim, serve para legitimar a própria ideia de Estado e, por conseguinte, a ideia de poder constituinte, manifestação primeira do poder jurídico do Estado, segundo a teoria clássica do poder constituinte.

Com efeito:

> Tal desenvolvimento, em seu fluxo contínuo e dialético, foi informado de forma crítica e recorrente, em todos os seus estágios, pela ideia de igualdade, que acabou por determinar uma dada evolução no plano da superestrutura jurídico-ideológica, impondo-se

como um qualificativo indispensável para o próprio conceito de Estado (ARAÚJO, 2009, p. 16).

Mas há que se deixar claro que a defesa de interesses de grupos minoritários não deve ser interpretada como uma ofensa aos direitos da "maioria". Isto é, não há concessão de privilégios a determinados grupos minoritários em detrimento dos direitos dos demais cidadãos, aqueles que não se encaixam no conceito de "minoria".

A proteção de grupos vulneráveis é o objetivo principal de quase todas as sociedades modernas. Tal afirmação pode ser comprovada através da análise do direito internacional, que a cada dia se apresenta mais preocupado com a proteção de direitos humanos. Recentemente se tem observado justamente a produção de tratados que visam à proteção de direitos de minorias.[10]

A defesa de grupos vulneráveis, portanto, confere uma:

> [...] resposta majoritária à questão contramajoritária da discriminação positiva: um preço justo a pagar por todos os que não se encontram em situação de vulnerabilidade, mas que talvez se beneficiam ("retrospectivamente") de vantagens sociais e certamente têm ("prospectivamente") uma responsabilidade social compartilhada de "construir uma sociedade livre, justa e solidária" (Constituição brasileira, art. 3º, inciso I) (ROTHENBURG, 2009, p. 348).

A prática da igualdade, através do Direito, dá-se, por exemplo, mediante as chamadas ações afirmativas que são "um conjunto de políticas compensatórias e de valorização de identidades coletivas vitimadas por alguma espécie de estigma" (ARAÚJO, 2009, p. 17).

Como bem observa Piovesan:

> [...] faz-se necessário combinar a proibição da discriminação com políticas compensatórias que acelerem a igualdade enquanto processo. Isto é, para assegurar a igualdade não basta apenas proibir a discriminação, mediante legislação repressiva. São essenciais as estratégias promocionais capazes de estimular a inserção e inclusão de grupos

---

10. Por exemplo, a Convenção das Pessoas Portadoras de Deficiência, ratificada pelo Decreto Legislativo nº 186/2008.

socialmente vulneráveis nos espaços sociais. Com efeito, a igualdade e a discriminação pairam sob o binômio inclusão-exclusão. Enquanto a igualdade pressupõe formas de inclusão social, a discriminação implica a violenta exclusão e intolerância à diferença e à diversidade. O que se percebe é que a proibição da exclusão, em si mesma, não resulta automaticamente na inclusão. Logo, não é suficiente proibir a exclusão, quando o que se pretende é garantir a igualdade de fato, com a efetiva inclusão social de grupos que sofreram e sofrem um consistente padrão de violência e discriminação (PIOVESAN, 2008, p. 890).

Desta feita:

> [...] as ações afirmativas devem ser compreendidas não somente pelo prisma retrospectivo – no sentido de aliviar a carga de um passado discriminatório –, mas também prospectivo – no sentido de fomentar a transformação social, criando uma nova realidade (PIOVESAN, 2008, p. 890).

Há uma tendência à constitucionalização de ações afirmativas. Atualmente, o próprio poder constituinte prevê esses mecanismos de defesa dos grupos vulneráveis, garantindo constitucionalmente a proteção efetiva de determinadas classes de pessoas em situação de desvantagem.

Pode-se dizer que:

> [...] se partiu do "conceito fraco" de igualdade (isonomia em seu sentido formal), para se tentar chegar a um "conceito forte" (isonomia em sentido material/substancial) desenvolvido por meio de uma concepção renovada de igualdade, que, em seu limite, aponta para um "novo contrato social" – o qual nos EUA se deu no bojo daquilo que a teoria constitucional costuma denominar por "mutação constitucional" (ARAÚJO, 2009, p. 20).

## 6.2. TEORIA DO PODER CONSTITUINTE NA ÓTICA DA PROTEÇÃO DE MINORIAS

É inegável a relação direta existente entre a teoria do poder constituinte e a proteção de direitos dos grupos vulneráveis. Basta analisar as origens da construção da teoria do poder constituinte para se constatar essa realidade.

Com efeito, a teoria do poder constituinte foi sistematizada por Sieyès e visava, em última análise, à proteção de um grupo que, apesar de numericamente grande, era hipossuficiente juridicamente: o Terceiro Estado.

Verifica-se, portanto, que a noção de Constituição automaticamente remete à ideia de proteção dos mais fracos.

Portanto, a razão de existir de uma Constituição e, como pressuposto lógico do próprio poder constituinte, deve ser também a proteção de direitos minoritários. Quer dizer que não há como se admitir uma Constituição que não respeite direitos humanos e também, mais especificamente, os direitos humanos dos mais fracos, isto é, os direitos humanos de minorias. Não há como conceber a ideia de um poder constituinte que atue contrariamente aos interesses de grupos minoritários.

Essa tendência de proteção dos mais fracos tem refletido no conceito de soberanias dos Estados, ocorrendo uma flexibilização destas, conferindo, assim, mais espaço para a ingerência do direito internacional público.

De fato, na atualidade se percebe que o conceito de soberania estatal passa por uma ressignificação. Cada vez mais as normas constitucionais apresentam característica dúctil, isto é, a existência de direitos fundamentais passa a não depender somente de leis expressas (ZAGREBEWLSKI, 2009, p. 14).

Ademais, o próprio poder constituinte passa a colocar limites à sua atuação. Hoje se reconhece a supremacia dos tratados internacionais. Há Constituições contemporâneas que já preveem no próprio preâmbulo a importância dos tratados internacionais de direitos humanos.

Assim, verifica-se cada vez mais uma influência direta do direito das gentes nas Constituições do mundo. Em grande parte das Constituições, a exemplo das estudadas a seguir, há especial regulamentação sobre tratados internacionais que versam sobre a proteção de direitos humanos, gênero da espécie "proteção de grupos vulneráveis."

Está-se diante, portanto, de um novo paradigma de poder constituinte, que não é mais admitido como ilimitado juridicamente. Isto é, o detentor do poder constituinte, ou o representante do povo no exercício deste poder, já não pode fechar os olhos para a realidade contemporânea. O Estado tem a função e o dever de defender interesses das minorias, o que se caracteriza como fundamento político legitimador de uma Constituição válida.

Felizmente, já há na doutrina entendimento por essa mudança de paradigma. Segundo Walter Claudius Rothenburg, apesar de reconhecer a dificuldade de se apontar concretamente o que seria o limite, chama a atenção para o fato de que:

> Já é hora de pararmos de repetir, acriticamente, a (falsa) ausência de limitação jurídica do poder constituinte originário. Não se ignora, contudo, a problemática do reconhecimento dos limites, ligada à justificação, à identificação, à limitação deles. Isso traduz um desconforto com o qual a democracia convive e que deve superar (ROTHENBURG, 2010a, p. 74).

## 6.3. Democracia e proteção de minorias

Mas por que o poder constituinte deve respeitar os direitos de minorias?

A resposta deve passar pela análise do que se entende por legitimidade do poder constituinte. Esta legitimidade, nos dias atuais, está necessariamente ligada à ideia de democracia.

Bruce Ackerman (2006), em estudo sobre a Constituição americana, revela a ideia de democracia dualista em contraposição ao conceito de democracia monista.

Pelo monismo:

[...] a democracia monista garante aos vencedores das últimas eleições a autoridade para criação de leis no plenário – desde que, como requisito básico, as eleições tenham sido conduzidas segundo regras justas e livres, e desde que os vencedores não venham a impedir próximos turnos eleitorais desafiadores (ACKERMAN, 2006, p. 9).

Em outras palavras, o vencedor de um processo eleitoral que respeitou as regras legais está autorizado a governar o país da forma que melhor entender, não tendo necessariamente que atender aos interesses da minoria perdedora.

Assim, a democracia monista claramente beneficia o grupo majoritário responsável pela eleição dos representantes, sendo que, nesse sistema monista, é considerada antidemocrática qualquer tentativa de se questionar a validade de normas editadas pelo governo.

O autor explica que até mesmo a declaração de inconstitucionalidade de uma norma deve ser considerada uma medida contramajoritária e, por isso, antidemocrática (ACKERMAN, 2006, p. 10).

Assim, essa concepção de democracia pode levar ao inevitável conflito de interesses entre o governo e o povo, mais especificamente das pessoas pertencentes a grupos minoritários. Nesse sistema democrático, o governo pode criar validamente normas que violem determinados interesses fundamentais do povo.

Entre esses interesses violados podem estar direitos dos grupos minoritários. Portanto, nesse tipo de sistema democrático pode-se ignorar a vontade das minorias, pois apesar de nem sempre o conceito de "minoria" implicar uma pequena quantidade de pessoas, o fato é que indivíduos nessa situação são hipossuficientes, de forma que muitas vezes não conseguem defender (ou mesmo identificar) direitos seus.

No sistema de democracia monista fica claro que o interesse da maioria é aquele que ganha relevância. Fundamenta-se a defesa dos interesses da maioria na soberania popular, pois é esta maioria, isto é, a maioria de pessoas de determinada sociedade a responsável pela escolha dos governantes através do procedimento legal.

Assim, "[...] o monista trata todos os atos de revisão normativa como algo presumidamente antidemocrático e luta, por meio de argumentos engenhosos, para poupar o Supremo do "obstáculo contra majoritário"" (ACKERMAN, 2006, p. 12).

Nos Estados Unidos, explica Bruce Ackerman, essa noção de democracia, fundada no interesse da maioria estimulou estudos direcionados à proteção de direitos fundamentais, independente dos "interesses" da democracia. Esses estudiosos, preocupados com a proteção efetiva de direitos fundamentais, são chamados de fundamentalistas de direitos.

Trata-se de corrente de doutrinadores que passaram a considerar mais importantes os "direitos fundamentais" do que propriamente a chamada "democracia" (ACKERMAN, 2006, p. 14).

O fundamentalista:

> [...] se preocupa mais frequentemente com a possibilidade de uma legislação, ainda que democrática, ter a faculdade de ratificar ações opressoras – impor uma religião, ou autorizar a prática de tortura etc. Quando ocorrem tais violações, o fundamentalista demanda a intervenção judicial apesar de negligenciar o princípio democrático. Os direitos se sobrepõem à democracia, desde que, obviamente, sejam direitos legítimos (ACKERMAN, 2006, p. 14-5).

No sistema monista, portanto, é observado um conflito entre democracia e direitos fundamentais.

Dificilmente, no mundo atual, pode-se aceitar a ideia de democracia monista, que se importa somente com os direitos do grupo majoritário. Com efeito, na democracia monista os direitos dos mais fracos, das pessoas pertencentes aos grupos minoritários, podem não ser respeitados.

Oferecendo uma conciliação entre a "democracia" e os "direitos fundamentais" de todos (inclusive das minorias), surge a chamada "democracia dualista".

Chama-se dualista porque esse tipo de democracia distingue duas decisões diferentes: a decisão do povo e a decisão do governo (ACKERMAN, 2006, p. 7).

Tal modelo de soberania oferece a chance de as decisões do governo serem revistas pelo povo, através, por exemplo, do controle de constitucionalidade de leis.

Ademais, nesse sistema, o governo sempre se vê obrigado a realizar um constante *feedback* entre suas decisões e a aceitação popular. Isto é, deve-se verificar a compatibilidade da vontade do legislador e da sociedade como um todo, não apenas da maioria responsável pela eleição do governante.

A democracia dualista, assim, parece ser mais compatível com a realidade constitucional da contemporaneidade, já que oferece a oportunidade de uma melhor defesa dos direitos dos mais fracos, pois as decisões do governo devem se coadunar com os direitos da sociedade, como um todo.

Sobre a ideia de democracia (soberania popular), direitos fundamentais, história e liberalismo, a democracia dualista, segundo Bruce Ackerman, é a única que parece fornecer uma resposta adequada:

> Porém, é somente o dualismo que incorpora todas essas reflexões em um contexto mais amplo – um todo que provoca uma reflexão mais profunda sobre as forças e fraquezas distintas da Constituição norte-americana, com ela nos foi apresentada, há mais de dois séculos dos debates e decisões (ACKERMAN, 2006, p. 44).

Percebe-se que, no mundo contemporâneo, a ideia de democracia, que fundamenta a teoria do poder constituinte (e também a Constituição de um Estado) implica defesa dos interesses de toda a sociedade, inclusive e principalmente das minorias, pois uma sociedade somente pode ser considerada democrática quando todos os seus indivíduos são incluídos socialmente e têm a oportunidade de participar ou influenciar as decisões do governo.

Com efeito:

> A ação afirmativa é, pois, a expressão democrática mais atualizada da igualdade jurídica promovida na sociedade e pela sociedade, segundo um comportamento positivo normativa ou administrativamente imposto ou permitido (ROCHA, 1996, p. 98).

Por isso, atualmente não há como considerar uma Constituição válida caso não tenha sido produzida segundo regras democráticas. E democracia, no mundo atual, implica respeito, entre outros, aos interesses dos grupos vulneráveis. Portanto, o poder constituinte não pode ser considerado ilimitado, devendo respeitar direitos dos mais fracos, sob pena de ser considerado ilegítimo.

## 6.4. Análise das Constituições atuais dos países sul-americanos

Como as Constituições do mundo se comportam diante das necessidades jurídicas das minorias? O poder constituinte, na prática, tem sido ilimitado, conforme prega a teoria clássica do poder constituinte?

Os questionamentos acima nos remetem a outros: as práticas constitucionais de igualdade material, através das ações afirmativas, entre outras, devem ser consideradas um "presente" do grupo majoritário, de toda a sociedade, para aquelas pessoas pertencentes a grupos minoritários? Quer dizer que os direitos de minorias se resumem a uma mera liberalidade do "poder constituinte da maioria" em favor dos mais fracos e, por isso, podem ser extintos a qualquer momento através da edição de uma nova Constituição e sob o fundamento de que o poder constituinte originário é ilimitado?

Parece evidente que não se pode conceber uma sociedade contemporânea que não contenha, entre seus objetivos, a eliminação das injustiças contra minorias, notadamente o fim da injustiça histórica sofrida por esses grupos.

Significa dizer que, em última análise, o poder constituinte encontra limites na própria história constitucional do país, pela luta dos direitos das minorais que foi tão massacrada no passado. Essa história pode ser encontrada nos próprios documentos jurídicos produzidos (Constituições, leis, tratados etc.).

Procurou-se conhecer o conteúdo das Constituições da América do Sul, a fim de identificar o comportamento do poder constituinte em relação aos direitos dos grupos minoritários. Ao analisar as referidas Constituições é preciso refletir se futuros textos constitucionais (ou mesmo os vigentes) poderiam atuar na contramão da tendência de proteção de minorias. Em outras palavras, a ideia de "ilimitação" do poder constituinte tem sido (ou pode ser) aplicada?

Nesta ideia de proteção de minorias, vale destacar como as Constituições têm utilizado o princípio da igualdade em benefício de grupos vulneráveis.

Todas as Constituições citadas a seguir preveem expressamente o princípio da igualdade, ainda que em uma redação juridicamente genérica.

Assim, somente por essa constatação já se pode dizer que é possível afirmar que as minorias recebem proteção das Constituições da América do Sul.

Nada obstante, a grande parte das Constituições sul-americanas prevê expressamente a proteção de determinadas classes de pessoas que podem se encaixar no conceito de "minoria", conforme se elenca a seguir.

### 6.4.1. Argentina

A Constituição argentina,[11] promulgada no ano de 1994, contém 129 artigos, além das disposições transitórias. Em seu art. 75, nº 22, o próprio texto constitucional faz referência a tratados internacionais

---

11. Disponível em: <http://www.senado.gov.ar/web/interes/constitucion/cuerpo1.php>. Acesso em: 22 fev. 2011.

de direitos humanos que foram ratificados pelo país. Entre eles há, por exemplo, a Declaração Universal de Direitos Humanos. O mesmo artigo ainda estabelece que os tratados internacionais são hierarquicamente superiores à lei, o que revela o nítido compromisso da Constituição argentina para com a proteção dos direitos humanos.

Há inclusive órgão constitucional específico para a proteção de direitos humanos: trata-se do Defensor do Povo, cuja previsão constitucional está no art. 75, n° 23.

O princípio da igualdade está insculpido, de maneira genérica, no art. 16, onde se declara a inexistência de prerrogativa de classe e a igualdade de todos perante a lei.

Através da análise deste texto constitucional, portanto, é possível sustentar que se trata de uma Constituição que possibilita a proteção de minorias, muito embora não contenha disposições expressas em seu texto sobre a definição de minorias específicas, como outras Constituições latino-americanas, conforme será demonstrado adiante.

De qualquer forma, preconiza o art. 38 da Constituição da Argentina que os partidos políticos são instituições fundamentais do sistema democrático. Sua criação e o exercício de suas atividades são livres dentro do respeito a essa Constituição, que garante a organização e funcionamento das minorias, a competência para a postulação de candidatos a cargos públicos eletivos, o acesso à informação pública e à difusão de suas ideias. Vê-se, portanto, a importância dos partidos políticos para a salvaguarda da efetivação dos direitos de grupos minoritários.

Mas não se pode esquecer que a Argentina é o primeiro país da América do Sul a regular juridicamente o casamento homoafetivo. Com a novel legislação aprovada pelo Senado argentino em julho de 2010, foram concedidos aos casais homossexuais direitos de herança e adoção, além de serem a eles equiparadas questões judicialmente levantadas por casais heterossexuais, tratadas de maneira uniforme. Não se pode, portanto, olvidar o caráter vanguardista que reveste mencionada lei, sendo um inquestionável instrumento de proteção a grupos minoritários, os quais, antes do seu advento, ficavam relegados ao plano da inexistência em âmbito jurídico.

## 6.4.2. Bolívia

O preâmbulo da Constituição boliviana[12] já estabelece uma série de princípios que envolvem o princípio da igualdade e da proteção de grupos vulneráveis, citando como exemplo, os indígenas e o combate ao racismo. O preâmbulo reafirma que a Bolívia é de composição plural.

A Constituição boliviana ainda estabelece como objetivo a construção de um Estado Unitário Social de Direito Plurinacional Comunitário, o que é reproduzido no artigo primeiro da Constituição.

No artigo segundo e terceiro há a expressa proteção dos povos indígenas. Ainda em relação aos indígenas, o art. 5º reconhece as línguas dos povos indígenas como oficiais. Há inclusive os nomes dos povos indígenas. O art. 8º, ainda, utiliza expressões indígenas:

> Artículo 8: I. El Estado asume y promueve como principios ético-morales de la sociedad plural: ama qhilla, ama llulla, ama suwa (no seas flojo, no seas mentiroso ni seas ladrón), suma qamaña (vivir bien), ñandereko (vida armoniosa), teko kavi (vida buena), ivi maraei (tierra sin mal) y qhapaj ñan (camino o vida noble).

Vale citar também a proteção da mulher no plano político (art. 11), representação política de povos indígenas, previsão da justiça indígena (art. 190), proteção das pessoas com deficiência (art. 170) e detentos (art. 73).

Entre os direitos fundamentais elencados na Constituição boliviana, encontra-se o direito social à educação, especificamente voltado

---

12. Disponível em: <http://pdba.georgetown.edu/Constitutions/Bolivia/bolivia09.html>. Acesso em: 22 fev. 2011. Em relação aos povos indígenas, a Constituição da Bolívia ainda prevê um capítulo específico (Cap. IV) que regula os direitos dos índios no que diz respeito à cultura, idioma, tradição histórica, instituições e território.

às minorias étnico-raciais daquele país, em razão da observância ao princípio do multiculturalismo e respeito à equidade. Exemplo disso se evidencia do art. 9º da Carta boliviana, que garante o acesso de todas as pessoas à educação como um dos fins essenciais do Estado.

Caracteriza-se, ainda, a Constituição da Bolívia pela relação minuciosa e muitas vezes repetitiva, de direitos que assistem às minorias étnico-raciais. Os arts. 17 e 30 estabelecem, respectivamente, que toda pessoa faz jus ao recebimento da educação em todos os níveis de maneira universal, produtiva, gratuita, integral e intercultural, sem discriminação; e defere-se às nações e povos indígenas originários campesinos uma educação intracultural, intercultural e plurilíngue em todo o sistema educativo.

É possível citar a previsão constitucional que assegura, em seu art. 82, que o Estado deve garantir o acesso à educação e a permanência de todos os cidadãos em condições de plena igualdade, e que também apoiará com prioridade os alunos com menos possibilidades econômicas para que eles acessem diferentes níveis de ensino.

Por derradeiro, vale destacar também que o texto constitucional prevê que os tratados internacionais integram o "bloco de constitucionalidade" para efeito de controle de constitucionalidade (art. 410), caracterizando, assim, uma autolimitação do poder do estado em prol dos direitos humanos.

### 6.4.3. Brasil

No Brasil, a Constituição de 1988[13] se compromete a defender as pessoas em situação de desvantagem. O preâmbulo do texto constitucional garante a inexistência de qualquer espécie de preconceito. O *caput* do art. 5º estabelece o princípio da igualdade, afirmando inexistir distinção entre as pessoas.

---

13. Disponível em: <http://www.planalto.gov.br/ccivil_03/constituicao/constitui%C3%A7ao.htm>. Acesso em: 22 fev. 2011.

A Constituição brasileira contém normas programáticas que o Estado deve observar para a efetivação de direitos fundamentais de minorias. Por exemplo, pode ser citado o art. 3º, que trata dos objetivos fundamentais da República Federativa do Brasil de construir uma sociedade solidária e promover o bem de todos, sem preconceitos de origem, raça, sexo, cor, idade e quaisquer outras formas de discriminação.

Conforme entendimento de Renata Malta Vilas-Bôas, a autorização constitucional para a utilização das ações afirmativas está prevista justamente no artigo da Constituição Federal que prevê os objetivos fundamentais (art. 3), especialmente nos incisos I e IV:

> Desta forma, somando-se os dois objetivos fundamentais ao princípio da igualdade, os três deverão agir de forma integrada, possibilitando, assim, que as atividades públicas sejam norteadas por eles, orientando-se em suas condutas de forma a possibilitar a utilização das ações afirmativas (VILAS-BÔAS, 2003, p. 55).

O art. 203, inciso V, da Constituição protege o idoso e o deficiente, garantindo um salário mínimo de benefício mensal àquele que comprovar não possuir meios de subsistência própria. Em relação aos indígenas há capítulo específico que regula seus direitos, como propriedade, cultura e tradições (arts. 231 e 232).

Enfim, a Constituição brasileira possui diversos dispositivos esparsos que indicam a proteção de minorias, possibilitando ao intérprete efetivar a inclusão social dessas pessoas.

### 6.4.4. Colômbia

A Constituição colombiana[14] de 1991 estabelece, já em seu preâmbulo, a igualdade como princípio. No primeiro artigo do texto constitucional há referência ainda ao respeito à dignidade humana.

---

14. Disponível em: <http://pdba.georgetown.edu/constitutions/colombia/col91.html>. Acesso em: 22 fev. 2011.

O princípio da igualdade, formulado de maneira genérica, está posicionado no art. 5º, determinando que não haverá qualquer espécie de discriminação. Há ainda no art. 7º o respeito à diversidade cultural.

Trata-se de Constituição que se preocupou em proteger minorias específicas, como aquelas pessoas discriminadas, em razão de sua etnia. Com efeito, o art. 10, tendo como vetor o princípio insculpido no art. 7º, já citado, reconhece como oficial, ao lado do castelhano, a línguas de outros grupos étnicos.

Trata-se de evidente ação afirmativa em benefício de uma minoria específica (índios), oferecendo uma compensação histórica pelos longos anos de exclusão social e escravidão sofridos no período colonial.

Previsões constitucionais específicas como esta, que beneficia índios, deveriam também ser observadas pelo poder constituinte brasileiro. Isso porque, vale lembrar, no Brasil colonial as línguas portuguesa e tupi eram igualmente faladas no território brasileiro. Contudo, o Marquês de Pombal, no século XVII, publicou decreto que proibiu a fala da língua tupi no território nacional, oficializando somente a língua portuguesa.

Por isso, ações afirmativas como essa deveriam ser praticadas por aqui, como medida de justiça social e também como uma espécie de reparação histórica, pelos danos sofridos pelos índios.

Mais à frente, no art. 13, nota-se norma constitucional que estabelece a proteção de grupos minoritários como verdadeiro princípio a ser respeitado pelo Estado e pelos cidadãos.

A norma expressamente determina que o Estado deve velar pela igualdade efetiva e que ainda deve dispensar especial proteção às pessoas que necessitem, em razão de motivo econômico ou deficiência física ou mental.

Verifica-se pela redação deste artigo que se trata de uma norma constitucional aberta, sendo que os grupos minoritários ali citados apenas o foram de modo exemplificativo, admitindo ampliação da proteção pelo aplicador do Direito.

Há ainda a proteção da mulher, proibindo sua inferiorização em relação ao homem (art. 43); proteção da criança e adolescente (arts. 44 e 45); e proteção da terceira idade (art. 46).

Percebe-se, sem dúvida, o caráter difuso do princípio da proteção de minorias.

Outro avanço pode ser identificado em relação à Constituição brasileira. O texto magno colombiano prevê a representação política das comunidades indígenas no Senado (art. 171).

A Constituição ainda prevê uma espécie de jurisdição indígena, autorizando as comunidades a aplicar o "direito indígena" dentro do seu território (art. 246).

Por último, é de se destacar a prevalência dos tratados de direitos humanos naquele país, impondo, inclusive, um limite a ser respeitado em caso de estado de exceção (art. 93). Segundo o mesmo dispositivo, as normas constitucionais que expressam direitos humanos devem ser interpretadas de acordo com os tratados internacionais sobre a matéria, ratificados pelo país. Há, aqui, nítida intenção de se limitar o poder estatal, mais especificamente o poder constituinte, em proteção a direitos humanos, em que se incluem os direitos de minorias.

### 6.4.5. Equador

A Constituição equatoriana[15] foi promulgada no ano de 2008, com 444 artigos, mais disposições transitórias, representando a Constituição mais jovem da América do Sul.

---

15. Disponível em: <http://pdba.georgetown.edu/Constitutions/Ecuador/ecuador08.html>. Acesso em: 22 fev. 2011.

No título II (*Derechos*) há o capítulo III, que trata dos direitos das pessoas e grupos de atendimento prioritário. Já pode ser notado pela redação deste capítulo que a Constituição do Equador também dispensou especial proteção aos direitos de minorias. Assim, há proteção aos jovens, mulheres grávidas, crianças e adolescentes, pessoas com deficiência, pessoas com doenças graves, detentos e consumidores. Em capítulo separado (capítulo IV), há a proteção dos povos indígenas e também há a proteção do povo afroequatoriano.

Assim como ocorreu na Colômbia, o Equador também oficializou as línguas faladas pelos povos indígenas (art. 2º). Reconhece-se, ainda, a existência de uma justiça indígena (art. 171).

O princípio da igualdade, de forma expressa e genérica, está inserido no art. 3º, pregando a não discriminação.

Há também a previsão dos órgãos constitucionais chamados de "Conselhos Nacionais de Igualdade" que têm função de assegurar a plena vigência dos direitos humanos previstos na Constituição e nos tratados de direitos humanos.

Nota-se, também nessa Constituição, a importância dos tratados internacionais de direitos humanos que são equiparados às normas constitucionais.

### 6.4.6. Paraguai

Promulgada no ano de 1992, já no primeiro artigo dessa Constituição[16] pode ser verificado que a república federativa paraguaia se baseia na dignidade da pessoa humana.

No art. 10, há a proibição expressa da escravidão de qualquer espécie.

---

16. Disponível em: <http://www.constitution.org/cons/paraguay.htm>. Acesso em: 22 fev. 2011.

Em relação ao princípio da igualdade, há um capítulo específico (capítulo III). Há a proteção expressa de minorias específicas, como idosos (art. 57), pessoas deficientes (art. 58) e povos indígenas (art. V), reconhecendo estes últimos como grupos de cultura anterior à formação do Estado.

No plano trabalhista, proíbe-se qualquer tipo de discriminação (art. 88), existindo a proteção especial da mulher (art. 89) e menores (art. 90).

Chama-se a atenção para a autolimitação da soberania do Estado no art. 145, que reconhece a existência de uma ordem jurídica supranacional que garante a vigência dos direitos humanos, no qual se incluem os direitos de minorias.

### 6.4.7. Peru

A Constituição do Peru[17] foi promulgada em 1993. No art. 2º, encontra-se o princípio da igualdade, determinando a não discriminação.

Nota-se no art. 4º que essa Constituição também se preocupou com direitos de grupos minoritários, pois há regra que prevê a proteção em favor de menores, mães e idosos, em caso de abandono.

A proteção da pessoa com deficiência está expressa no art. 7º, prevendo que a pessoa deficiente tem direito ao respeito, dignidade e a um regime legal de proteção, atenção, readaptação e segurança.

No art. 19, verifica-se a intenção de tutelar direitos de diferentes etnias e culturas, que se caracterizam como grupo vulnerável.

Como as outras Constituições citadas, a Constituição peruana prevê em seu art. 56 regulamentação especial para tratados de direitos humanos.

---

17. Disponível em: <http://pdba.georgetown.edu/Constitutions/Peru/per93reforms05.html>. Acesso em: 22 fev. 2011.

## 6.4.8. Suriname

A Constituição do Suriname, de 1987,[18] já em seu preâmbulo destaca sua independência como colônia desde 1975, ano em que se estabeleceu a forma republicana de Estado naquele país. Declara a sua repugnância em relação ao neocolonialismo e prevê expressamente o respeito de direitos humanos fundamentais. Ainda, no preâmbulo, o poder constituinte daquele país se compromete a construir uma sociedade justa e democrática.

A Constituição, em seu art. 1°, reforça novamente o respeito aos direitos fundamentais e liberdades. Facilmente se verifica que a intenção maior do constituinte surinamês foi evitar, de todas as formas possíveis, a dominação por outros países.

Como se trata de país ex-colônia, logo se verifica a preocupação incessante do poder constituinte em repetir, através de diversas passagens do texto, a afirmação da proteção de direitos humanos e a luta contra a dominação estrangeira.

No que diz respeito à proteção de grupos vulneráveis, em seu capítulo IV, que trata dos princípios internacionais, prevê que a República do Suriname cooperará com outros povos contra o colonialismo, neocolonialismo, racismo, genocídio. No capítulo V, que trata dos direitos fundamentais, o texto constitucional prevê sua posição contrária à discriminação em razão do local de nascimento, sexo, raça, língua, origem religiosa, educação, crenças políticas, posição econômica ou qualquer outro *status*. No art. 12, há ainda a preocupação expressa de que o Estado fornecerá patrocínio judicial aos menos favorecidos economicamente.

Na seara trabalhista, há também previsão específica contra a proibição de discriminação em relação ao sexo (art. 27, 1, c). A proibição

---

18. Disponível em: <http://www.constitution.org/cons/suriname.htm>. Acesso em: 22 fev. 2011.

de discriminação no trabalho é reforçada no art. 28, que proíbe a discriminação em relação à idade, sexo, raça, nacionalidade, religião ou opiniões políticas.

Há ainda a proteção específica e expressa de determinados grupos vulneráveis, como mulheres grávidas,[19] pessoas portadoras de deficiência e menores de idade. Em vários artigos do texto constitucional, há a proclamação da necessidade de participação popular nas decisões de governo, e prega expressamente a defesa de opiniões políticas minoritárias (art. 54, 2, d). Trata-se de uma Constituição rígida, pois prevê quorum especial para modificação do texto constitucional, segundo o art. 83, 3 (2/3 da Assembleia Nacional).

## 6.5. Outras Constituições sul-americanas

Pode-se verificar, ainda, outras Constituições da América do Sul nas quais os valores de igualdade e democracia formam a característica do poder constituinte, protegendo direitos de minorias.

A Constituição do Chile,[20] promulgada em 1980, no art. 5°, através de modificação incluída em 1989, prevê o respeito aos direitos humanos, garantindo a igualdade entre homens e mulheres (art. 19, n° 2) e a declaração expressa da igualdade genérica, determinando que neste país inexistirá escravidão (art. 10, n° 2).

Na Guiana,[21] a Constituição de 1980 estabelece em seu preâmbulo o respeito aos direitos humanos ao lado do princípio da igualdade.

---

19. Em relação à mulher grávida, a proteção é reforçada pelo art. 35, situado na seção que protege a família, segundo a qual a mulher grávida terá direito à licença maternidade.

20. Disponível em: <http://pdba.georgetown.edu/Constitutions/Chile/chile05.html>. Acesso em: 22 fev. 2011.

21. Disponível em: <http://pdba.georgetown.edu/constitutions/guyana/guyana.html>. Acesso em: 22 fev. 2011.

Há preocupação especial com crianças e idosos, no que diz respeito à saúde (art. 24). No art. 29 (1) há a previsão da igualdade entre homem e mulher. O art. 34 proíbe a discriminação de raça. Através da análise sistemática da Constituição da Guiana, portanto, verifica-se também a preocupação da proteção de direitos de minorias.

A Guiana Francesa não é um território independente na América do Sul. Trata-se de território francês, sendo a Constituição daquele país a aplicada. Também a Constituição francesa[22] proíbe qualquer espécie de discriminação em razão de origem, raça ou religião (art. 1º). Está expresso também na Constituição o lema da revolução francesa: liberdade, igualdade e fraternidade (art. 2º).

A Constituição venezuelana,[23] também no preâmbulo, estabelece a garantia universal e indivisível dos direitos humanos. Há a previsão expressa do princípio da igualdade no art. 2º. A proteção de direitos de minorias se dá de maneira difusa ao longo do texto constitucional. Com efeito, é prevista a proteção dos indígenas (art. 9º e diversas outras passagens), proteção do deficiente (art. 81), da criança, adolescente e idoso (art. 178, nº 1). Esta é uma Constituição que também prevê a participação política das comunidades indígenas no Congresso Nacional (art. 171).

Da mesma forma, a Constituição do Uruguai oferece uma base jurídica para a proteção de direitos de minorias:

> O constituinte uruguaio dá uma lição de cidadania e lucidez constitucional e social. Sua Lei Fundamental, taxativamente, diz (art. 8º) que todas as pessoas são iguais perante a lei, respeitadas as distinções entre os talentos e as virtudes de cada uma. Em idêntico sentido, suas Constituições de 1830, 1918, e 1934. Esta é, obviamente, a maneira socialmente sincera de assimilar as diferenciações pessoais, determinadas não só pela própria natureza, mas também pelo desempenho

---

22. Constituição Francesa de 1958. Disponível em: <http://www.assemblee-nationale.fr-english/8ab.asp>. Acesso em: 22 fev. 2011.

23. Disponível em: <http://pdba.georgetown.edu/Constitutions/Venezuela/ven1999.html>. Acesso em: 22 fev. 2011.

de cada um em sua própria vida diante da sociedade. Como consequência, na cultura da sociedade uruguaia, é pacificada a diferenciação entre os direitos inerentes à simples condição de pessoa humana, os direitos humanos, e os que decorrem dos talentos e virtudes próprios de cada pessoa. Por isso, O Uruguai sempre foi reconhecido como a "Suíça sul-americana", tanto social, como política e economicamente; não poderia sê-lo, senão com uma sociedade dotada de parâmetros culturais verdadeiros e efetivos, que jamais incorporou falsos conceitos e contracultura (NOGUEIRA DA SILVA, 2000, p. 2.000).

## 6.6. O PODER CONSTITUINTE COMO EXPRESSÃO DA PROTEÇÃO DE MINORIAS

A proteção de minorias guarda relação necessária com vários institutos jurídicos.

O princípio da igualdade é um deles. A análise de grande parte das Constituições modernas revela a igualdade como valor expresso ou implícito.

De outra banda, a ideia de poder constituinte no mundo atual necessariamente está relacionada com a legitimidade do detentor do poder, o que conduz à discussão sobre a democracia. Esta, atualmente, se aproxima cada vez mais do alcance do bem geral, da sociedade como um todo e não apenas da defesa dos interesses do grupo majoritário, responsável efetivamente pela eleição dos governantes.

Neste cenário, os direitos de minorias passam a ter especial atenção. No mundo atual, pode-se concluir que a efetivação de direitos e proteção de grupos vulneráveis é objetivo de toda sociedade que se diz democrática.

Quer dizer que um país que não tenha o objetivo de realizar a inclusão social de minorias não se acha inserido no conceito de estado democrático. Não sendo democrático, pode-se dizer que este Estado não possui uma Constituição legítima.

Em razão disso, não há como defender que, no mundo de hoje, o poder do Estado em fazer uma nova Constituição é ilimitado; restando superada, ao menos neste ponto, a teoria do poder constituinte.

Assim, o poder constituinte encontra limites nos interesses dos grupos minoritários. Vale repetir que isso não significa dizer que a proteção de grupos minoritários ofende o direito da "maioria" ou dos demais membros da sociedade.

Na verdade, não se pode admitir sociedade que não tenha como objetivo a inclusão social, por isso, a proteção dos mais fracos é interesse de todos, não somente das minorias.

Esta conclusão pode ser verificada da análise das Constituições da América do Sul, estudadas neste livro. Pode-se afirmar que todos os países da América do Sul estão comprometidos com a proteção de direitos humanos.

Com efeito, em todas as Constituições aqui estudadas se verificou a presença expressa da igualdade, garantindo juridicamente a não discriminação dos mais fracos.

Além disso, a maioria das Constituições analisadas faz menção expressa a determinadas minorias que merecem especial atenção, como os idosos, deficientes e índios.

Por tudo isso, não é possível mais ensinar o conceito de poder constituinte nos moldes de sua teoria clássica. Para se produzir uma Constituição legítima, não é possível defender a ideia de que o poder constituinte pode ferir direitos humanos ou direitos específicos das minorias porque seria ilimitado juridicamente, conforme ensina a teoria clássica do poder constituinte.

Na verdade, o poder constituinte na atualidade deve ser considerado a expressão dos valores de igualdade e democracia que asseguram a inclusão social de todos, especialmente dos mais fracos, cuja proteção é garantida pelas Constituições contemporâneas da América do Sul.

# Conclusões

A afirmação dos direitos humanos tem sido a tônica da elaboração das Constituições jurídicas contemporâneas. O tema também está na pauta do direito internacional. Caminha-se para a construção de uma sociedade internacional cada vez mais cosmopolita.

Por isso, os direitos humanos têm servido de fundamentação para as ordens jurídicas no mundo, sendo que os países estão sob constante vigilância uns dos outros e pelas entidades de direito internacional, no que diz respeito à efetivação e proteção desses direitos.

Nesse amplo tema de direitos humanos, situa-se a discussão específica sobre os direitos de minorias. Estes também têm sido objeto de tratados internacionais específicos. Determinadas classes minoritárias têm sustentado suas demandas no multiculturalismo.

O paradigma da proteção destes direitos foi alterado. Enquanto no passado tais direitos eram vistos como um "privilégio" ou uma "concessão" da maioria às minorias, hoje traduzem a busca destes grupos no direito de participação democrática, em respeito à diversidade.

Nesse prisma, verifica-se o esforço dos órgãos internacionais, bem como da doutrina no que que tange à definição de minorias, ou seja, quais grupos devem ser reconhecidos como tal para efeito de proteção especial de seus direitos.

Pode-se constatar a dificuldade de se implementar um conceito exato para o termo, bem como a existência de vários critérios apontados pelo direito internacional e a doutrina para sua definição.

Verifica-se que os diversos critérios tomados isoladamente não seriam suficientes para a definição desses grupos, sendo que, na verdade, a característica das minorias está na condição de ser "diferente".

Nesse novo contexto de proteção de direitos humanos – especificamente da proteção de direitos de minorias – os estudos clássicos a respeito da limitação jurídica do poder constituinte devem sofrer uma releitura.

A teoria do poder constituinte, originada do pensamento de Sieyès, na época da Revolução Francesa, revela os anseios de uma classe (Terceiro Estado) na busca da igualação de direitos e extinção de privilégios.

Sieyès definia a nação como a titular do poder constituinte. Neste conceito, percebeu-se a sua preocupação com a inclusão de determinadas pessoas que poderiam ser consideradas minorias. Sendo claramente jusnaturalista, acreditava que a nação poderia exercer plenamente o poder constituinte, limitada unicamente pelo direito natural.

Por isso, no que tange à limitação do poder constituinte, procura-se diferenciar o jusnaturalismo e o positivismo jurídico. Costuma-se dizer que o poder constituinte é limitado somente ao se considerar o direito natural; ao passo que, para o positivismo jurídico, inexistiria qualquer tipo de limite jurídico.

Em razão dessa diferença, o positivismo jurídico foi duramente combativo por ser taxado de acrítico e formalista, admitindo a criação e manutenção de qualquer direito, ainda que contrário a direitos humanos. Cita-se sempre o exemplo do nazismo.

No entanto, verifica-se que mesmo para os positivistas a eficácia da lei não se resume tão somente à observância de critérios formais. Essa suposta característica do positivismo jurídico é combatida até mesmo pelos positivistas contemporâneos.

Os positivistas contemporâneos exigem que a lei deva corresponder aos anseios da sociedade, devendo ser dotada de consenso, que também depende da vontade das minorias.

Com efeito, no que diz respeito à titularidade do poder constituinte, é importante que se reconheça qual a parcela deste poder pertence às minorias. Quer dizer que, para ser considerado legítimo, o ato constituinte deve refletir as diferenças e necessidades específicas dos grupos minoritários.

Ademais, sem excluir a teoria do positivismo jurídico, certos limites jurídicos materiais ao poder constituinte originário devem ser observados, tomando como base inclusive a necessidade de consenso social das minorias. Tais parâmetros de limitação podem ser verificados em Constituições pretéritas e tratados internacionais que versem sobre direitos humanos, por exemplo: essas normas, anteriores ao poder constituinte originário, que respeitaram (pelo menos assim se presume) as regras do direito anterior e, por isso, estão de acordo com as premissas do positivismo jurídico.

É importante que se reconheça que os limites jurídicos do poder constituinte devem estar inseridos em documentos legislativos anteriores (Constituições, leis e tratados), ou seja, positivados, que reflitam a experiência histórica da sociedade. Significa dizer que esses limites não devem ser buscados em uma "ordem jurídica superior" como prega de forma metafísica, salvo melhor juízo, a doutrina jusnaturalista.

Tomando como exemplo as Constituições da América do Sul, pôde-se constatar que todos os ordenamentos oferecem uma base jurídica para a defesa de minorias. Na maioria dessas Constituições, pode-se verificar a preocupação com determinadas minorias específicas (idosos, crianças, deficientes etc.).

Quer dizer que o poder constituinte contemporâneo não tem ignorado direitos reconhecidos e protegidos pelo ordenamento anterior. Muitas dessas Constituições, ainda, reconhecem o dever de obediência, em especial, aos tratados internacionais ratificados, que versem sobre direitos humanos.

A teoria do poder constituinte deve sofrer uma releitura, reconhecendo as minorias como detentoras de parcela deste poder e integrantes, por isso, do conceito de "povo"; e ainda, a existência de limites jurídicos ao poder constituinte originário.

# Referências bibliográficas

ACKERMAN, Bruce. *Nós, o Povo Soberano: fundamentos do direito constitucional*. São Paulo: Del Rey, 2006.

AGRA, Walber de Moura. *Fraudes à Constituição: um atentado ao poder reformador*. Porto Alegre: Sérgio Antonio Fabris Editor, 2000.

──────. (Coord.) *Retrospectiva dos 20 anos da Constituição Federal*. São Paulo: Saraiva, 2009.

ALARCÓN, Pietro de Jesús Lora. "Derechos humanos: inseguridades y certezas terminológicas". In: *Revista Instituto dos Advogados de São Paulo*, ano 11, n. 22, p. 277-92. São Paulo: OAB/SP, jul./dez. 2008.

ALMEIDA, Guilherme Assis de; BITTAR, Eduardo C. B. *Curso de Filosofia de Direito*. São Paulo: Atlas, 2001.

ARAÚJO, José Carlos Evangelista. *Ações Afirmativas e Estado Democrático Social de Direito*. São Paulo: LTr, 2009.

ARAUJO, Luiz Alberto David; NUNES JÚNIOR, Vidal Serrano. *Curso de Direito Constitucional*. 9. ed. São Paulo: Saraiva, 2005.

BACHOF, Otto. *Normas Constitucionais Inconstitucionais*. Coimbra: Livraria Almedina, 1994.

BASTOS, Celso Ribeiro. *Curso de Direito Constitucional*. 21. ed. São Paulo: Saraiva, 2000.

BEZERRA JÚNIOR, José Albenes; SILVA, Maria dos Remédios Fontes. "A força vinculante dos direitos fundamentais e os tratados internacionais de direitos humanos: uma análise acerca da prisão do depositário infiel". In: *Anais do XIX Encontro Nacional do CONPEDI*, p. 5.044-51. Florianópolis: Fundação José Arthur Boiteux, 2010.

BOBBIO, Norberto. *A Era dos Direitos*. Tradução de Carlos Nelson Coutinho. Rio de Janeiro: Campus, 1992.

_____. *O Positivismo Jurídico*: lições de filosofia do direito. Compiladas por Nello Morra. Tradução e notas de Márcio Pugliesi, Edson Bini e Carlos E. Rodrigues. São Paulo: Cone, 1995.

_____. *Teoria da Norma Jurídica*. Tradução de Fernando Pavan Baptista e Ariani Bueno Sudatti. Bauru: Edipro, 2001.

BONAVIDES, Paulo. *Curso de Direito Constitucional*. 22. ed. São Paulo: Malheiros, 2008.

BRANCO, Paulo Gustavo Gonet; COELHO, Inocêncio Mártires; MENDES, Gilmar Ferreira. *Curso de Direito Constitucional*. 3. ed. São Paulo: Saraiva, 2008.

BRITO, Edvaldo. *Limites da Revisão Constitucional*. Porto Alegre: Sérgio Antonio Fabris Editor, 1993.

BUSSINGUER, Elda Coelho de Azevedo. "Proteção ambiental e direito à vida: uma análise antropocêntrica na perspectiva da compreensão da existência de um direito humano supradimensional". *In*: Anais do XIX Encontro Nacional do CONPEDI, p. 1.707-20. Florianópolis: Fundação José Arthur Boiteux, 2010.

CAIXETA, Sebastião Vieira; CORDEIRO, Juliana Vignoli (Coords.). *Vinte Anos da Constituição Cidadã*. São Paulo: LTr, 2009.

CAMPELLO, Lívia Gaigher Bosio; SILVEIRA, Vladmir Oliveira da. "Dignidade, cidadania e direitos humanos". *In*: Anais do XIX Encontro Nacional do CONPEDI, p. 4.974-86. Florianópolis: Fundação José Arthur Boiteux, 2010.

CANÇADO TRINDADE, Antonio Augusto. *A Proteção Internacional dos Direitos Humanos*. São Paulo: Saraiva, 1991.

COSTA, Luis Cesar Amad Costa; MELLO, Leonel Itaussu A. *História Moderna e Contemporânea*. São Paulo: Scipione, 1999.

CRUZ, Álvaro Ricardo de Souza. *O Direito à Diferença: as ações afirmativas como mecanismo de inclusão social de mulheres, negros, homossexuais e pessoas portadoras de deficiência*. Belo Horizonte: Del Rey, 2003.

DIMOULIS, Dimitri. *Positivismo Jurídico: introdução a uma teoria do direito e defesa do pragmatismo jurídico-político*. São Paulo: Método, 2006.

DONNELLY, Jack. *Universal Human Rights in Theory & Practice*. 2. ed. Ithaca: Cornell University Press, 2003.

FAZOLI, Carlos Eduardo de Freitas. "Princípios jurídicos". *In*: Revista Uniara, n. 20, p. 13-29. Araraquara, fev. 2007.

FAZOLI, Carlos Eduardo de Freitas; RIOS JUNIOR, Carlos Alberto. "Arguição de descumprimento de preceito fundamental: um mecanismo de controle das normas constitucionais originárias". *In*: Revista Uniara, n. 21-22, p. 146-57. Araraquara, nov. 2009.

FERES JÚNIOR, João; SOUZA NETO, Cláudio Pereira de. "Ação afirmativa: normatividade e constitucionalidade". *In*: IKAWA, Daniela; PIOVESAN, Flávia; SARMENTO, Daniel. *Igualdade, Diferença e Direitos Humanos*. Rio de Janeiro: Lúmen Juris, 2010.

FERRAZ JÚNIOR, Tércio Sampaio. *Introdução ao Estudo do Direito*: técnica, decisão, dominação. 2. ed. São Paulo: Atlas, 1994.

FERREIRA FILHO, Manoel Gonçalves. *Curso de Direito Constitucional*. 25. ed. São Paulo: Saraiva, 1999a.

———. *O Poder Constituinte*. 3. ed. São Paulo: Saraiva, 1999b.

———. *Direitos Humanos Fundamentais*. 10. ed. São Paulo: Saraiva, 2008.

———. *Aspectos do Direito Constitucional Contemporâneo*. 2. ed. São Paulo: Saraiva, 2009.

FRASER, Nancy. "Redistribuição, reconhecimento e participação: por uma concepção integrada da justiça". *In*: IKAWA, Daniela; PIOVESAN, Flávia; SARMENTO, Daniel. *Igualdade, Diferença e Direitos Humanos*. Rio de Janeiro: Lúmen Juris, 2010.

FURLAN, Alessandra Cristina. "Dignidade da pessoa humana". *In*: PICCIRILLO, Miguel Belinati; SIQUEIRA, Dirceu Pereira. *Inclusão Social e Direitos Fundamentais*. Birigui: Boreal, 2009.

HOERSTER, Norbert. *En Defensa del Positivismo Jurídico*. Tradução de Ernesto Garzón Valdés. Barcelona: Editorial Gedisa, 2000.

KELSEN, Hans. *Teoria Pura do Direito*. Tradução de João Baptista Machado. São Paulo: Martins Fontes, 1999.

KYMLICKA, Will. "Multiculturalismo liberal e direitos humanos". *In*: IKAWA, Daniela; PIOVESAN, Flávia; SARMENTO, Daniel. *Igualdade, Diferença e Direitos Humanos*. Rio de Janeiro: Lúmen Juris, 2010.

LOPES, Maurício Antonio Ribeiro. *Poder Constituinte Reformador: limites e possibilidades da revisão constitucional brasileira*. São Paulo: Revista dos Tribunais, 1993.

MACHADO, S. "Há Lugar para o poder constituinte no mundo moderno?". *In*: *Revista da Faculdade de Direito da UFPR*, n. 36, p. 3-6. Curitiba, ago. 2005.

MALISKA, M. "Há limites materiais ao poder constituinte?". *In*: *Revista da Faculdade de Direito da UFPR*, n. 35, p. 6-23. Curitiba, jul. 2005.

MIRANDA, Jorge. *Manual de Direito Constitucional*. 3. ed. Coimbra: Coimbra Editora, 1996. tomo II.

MORAES, Alexandre de. *Direito Constitucional*. 6. ed. São Paulo: Atlas, 1999.

MOREIRA, Adailson. "Direito natural: breve esboço histórico". *In*: *Pensar o Direito*, ano 2, n. 2, p. 7-14. São José do Rio Preto, dez. 2005.

MÜLLER, Friedrich. *Fragmento (Sobre) o Poder Constituinte do Povo (1995)*. Tradução de Peter Naumann. São Paulo: Revista dos Tribunais, 2004.

NOGUEIRA DA SILVA, Paulo Napoleão. *Direito Constitucional do Mercosul*. Rio de Janeiro: Forense, 2000.

OLIVEIRA, Miguel Augusto Machado de; SIQUEIRA JÚNIOR, Paulo Hamilton. *Direitos Humanos e Cidadania*. São Paulo: Revista dos Tribunais, 2007.

PICCIRILLO, Miguel Belinati. "A dignidade da pessoa humana: fundamento do Estado democrático de direito brasileiro". *In*: GÖTTEMS, Claudinei J.; SIQUEIRA, Dirceu Pereira. *Direitos fundamentais: da normatização à efetividade nos 20 anos de Constituição brasileira*. Birigui: Boreal, 2008.

PINHO, Leda de Oliveira. *Principio da Igualdade: investigação na perspectiva do gênero*. Porto Alegre: Sérgio Antonio Fabris Editor, 2005.

PIOVESAN, Flávia. *Direitos Humanos e o Direito Constitucional Internacional*. 9. ed. São Paulo: Saraiva, 2008.

——————. "Ações afirmativas no Brasil: desafios e perspectivas". *In*: *Revista Estudos Feministas*, v. 16, n. 3, p. 12-4. Florianópolis, set./dez. 2008. Disponível em: <http://www.scielo.br/scielo.php?scriptsci_arttext&pid=S0104-0126-X2008000300010&lng=pt&nrm=iso&tlng=pt>. Acesso em: 3 abr. 2011.

PONTES DE MIRANDA. *Democracia, Liberdade, Igualdade: os três caminhos*. São Paulo: Saraiva, 1979.

RAMOS, André de Carvalho. "Direitos dos estrangeiros no Brasil: a imigração, direito de ingresso e os direitos dos estrangeiros em situação irregular". *In*: IKAWA, Daniela; PIOVESAN, Flávia; SARMENTO, Daniel. *Igualdade, Diferença e Direitos Humanos*. Rio de Janeiro: Lúmen Juris, 2010.

RAMOS, Elival da Silva. "O direito à igualdade formal e real". *In*: *Revista dos Tribunais*, v. 651, p. 52-4. São Paulo: Revista dos Tribunais, jan. 1990.

REALE, Miguel. *Fundamentos do Direito*. 3. ed. São Paulo: Revista dos Tribunais, 1998.

RIOS JUNIOR, Carlos Alberto. A teoria do poder constituinte é compatível com a realidade jurídico-social contemporânea? *In*: Revista *Novatio Iuris*, v. 4, p. 171-88. S.l., 2010.

ROCHA, Carmem Lucia Antunes. "Ação afirmativa: o conteúdo democrático do principio da igualdade jurídica". *In*: *Revista Trimestral de Direito Público*, n. 15, p. 85-99. São Paulo: Malheiros, 1996.

RODRIGUES, Maurício Andreiuolo. *Poder Constituinte Supranacional: esse novo personagem*. Porto Alegre: Sérgio Antonio Fabris Editor, 2000.

ROTHENBURG, Walter Claudius. *Princípios Constitucionais*. Porto Alegre: Sérgio Antonio Fabris Editor, 1999.

_____. Igualdade. *In*: LEITE, George Salomão; SARLET, Ingo Wolfgang (Coords.). *Direitos Fundamentais e Estado Constitucional: estudos em homenagem a José Joaquim Gomes Canotilho*. São Paulo: Revistas dos Tribunais; Coimbra: Coimbra, 2009.

_____. *Direito Constitucional*. São Paulo: Verbatim, 2010a.

_____. "Direitos dos descendentes de escravos (remanescentes das comunidades de quilombos)". *In*: IKAWA, Daniela; PIOVESAN, Flávia; SARMENTO, Daniel. *Igualdade, Diferença e Direitos Humanos*. Rio de Janeiro: Lúmen Juris, 2010b.

ROUSSEAU, J. J. *O Contrato Social*. 3. ed. Tradução de Antônio de Pádua Danesi. São Paulo: Martins Fontes, 1996.

SARLET, Ingo Wolfgang. *A Eficácia dos Direitos Fundamentais: uma teoria geral dos direitos fundamentais na perspectiva constitucional*. 10. ed. Porto Alegre: Livraria do Advogado, 2010.

SCHMITT, Carl. *Teoría de la Constitución*. Tradução de Francisco Ayala. Madrid: Alianza Editorial, 1996.

SÉGUIN, Elida. *Minorias e Grupos Vulneráveis: uma abordagem jurídica*. São Paulo: Forense, 2002.

SIEYÈS, Emmanuel Joseph. *A Constituinte Burguesa: qu'est-ce que le tiers état?*. 4. ed. Tradução de Aurélio Wander Bastos. Rio de Janeiro: Lúmen Juris, 2001.

SIQUEIRA JÚNIOR, Paulo Hamilton. *Teoria do Direito*. São Paulo: Saraiva, 2009.

SOUZA FILHO, Carlos Frederico Marés de. "O direito de ser povo". *In*: IKAWA, Daniela; PIOVESAN, Flávia; SARMENTO, Daniel. *Igualdade, Diferença e Direitos Humanos*. Rio de Janeiro: Lúmen Juris, 2010.

STEUDEL, Adelângela de Arruda Moura. *Jusnaturalismo Clássico e Jusnaturalismo Racionalista: aspectos destacados para acadêmicos do curso de direito*. Ponta Grossa: UEPG, 2007.

TAVARES, André Ramos. "Princípios constitucionais". *In*: MARTINS, Ives Gandra da Silva; MENDES, Gilmar Ferreira; NASCIMENTO, Carlos Valder do (Coords.). *Tratado de Direito Constitucional*, v. 1. São Paulo: Saraiva, 2010.

TAVARES, Felipe Cavaliere. "Direitos humanos e diversidade cultural: a dignidade humana entre o universalismo e o relativismo". In: *Anais do XIX Encontro Nacional do CONPEDI*, p. 4.896-904. Florianópolis: Fundação José Arthur Boiteux, 2010.

TEMER, Michel. *Elementos de Direito Constitucional*. 14. ed. São Paulo: Malheiros, 1998.

VECCHIATTI, Paulo Roberto Iotti. "União estável homoafetiva e a constitucionalidade de seu reconhecimento judicial". In: *Revista Brasileira de Direito das Famílias e Sucessões*, v. 14, p. 66-88. São Paulo, 2010.

VILAS-BÔAS, Renata Malta. *Ações Afirmativas e o Principio da Igualdade*. Rio de Janeiro: América Jurídica, 2003.

VILLEY, Michel. *Filosofia do Direito: definições e fins do direito: os meios do direito*. Tradução de Márcia Valéria Martinez de Aguiar. São Paulo: Martins Fontes, 2003.

WUCHER, Gabi. *Minorias: proteção internacional em prol da democracia*. São Paulo: Juarez de Oliveira, 2000.

ZAGREBELSKY, Gustavo. *El Derecho Dúctil: ley, derechos, justicia*. Tradução de Marina Gascón. Fernandez Ciudad: Editorial Trotta, 2009.